BEI GRIN MACHT SICH IHR WISSEN BEZAHLT

Wirkungsanalyse der videobasierten Beratungsmethode VHT im Kontext der Praxisqualifizierung von Berufsanfänger*innen im sozialen Bereich

Lisa-Marie Mühlender

Bibliografische Information der Deutschen Nationalbibliothek:

Die Deutsche Nationalbibliothek verzeichnet diese Publikation in der Deutschen Nationalbibliografie; detaillierte bibliografische Daten sind im Internet über http://dnb.d-nb.de abrufbar.

ISBN: 9783346703842
Dieses Buch ist auch als E-Book erhältlich.

Titelbild: Freepik.com (created by bearfotos) | Covergestaltung: Claudia Mayerle

© GRIN Publishing GmbH
Nymphenburger Straße 86
80636 München

Druck und Bindung: Books on Demand GmbH, Norderstedt Germany
Gedruckt auf säurefreiem Papier aus verantwortungsvollen Quellen

Das vorliegende Werk wurde sorgfältig erarbeitet. Dennoch übernehmen Autoren und Verlag für die Richtigkeit von Angaben, Hinweisen, Links und Ratschlägen sowie eventuelle Druckfehler keine Haftung.

Das Buch bei GRIN: https://www.grin.com/document/1272352

Lisa-Marie Mühlender

Wirkungsanalyse der videobasierten Beratungsmethode VHT im Kontext der Praxisqualifizierung von Berufsanfänger*innen im sozialen Bereich

Masterarbeit im Rahmen des Studiums Soziale Arbeit (Master of Arts) an der Evangelischen Hochschule Ludwigsburg

Lisa-Marie Mühlender
Waiblingen, 2022

Titelbild: Freepik.com (created by bearfotos)
Covergestaltung: Claudia Mayerle

 Diese Veröffentlichung wurde unterstützt durch SPIN DGVB Deutsche Gesellschaft für Videobasierte Beratung e.V. (www.spindeutschland.de)

Danksagung

An dieser Stelle möchte ich mich bei all jenen danken, die mich bei der Anfertigung dieser Masterarbeit unterstützt und inspiriert haben.

In erster Linie gebührt mein Dank meinen Prüferinnen Frau Birgit Groner und Frau Prof.in Bettina Heinrich, die diese Masterarbeit betreut und begutachtet haben. Herzlichen Dank für die hilfreichen Anregungen sowie die konstruktive Kritik im gesamten Entstehungsprozess meiner Masterarbeit.

Bedanken möchte ich mich außerdem bei dem Verein *SPIN-DGVB Deutsche Gesellschaft für Videobasierte Beratung e.V.* und allen voran bei Frau Hannelore Gens und Herrn Udo Heimbürger, die mir während der Erstellung dieser Arbeit mit Rat und Tat zur Seite standen und auftretende Unklarheiten mithilfe ihres übergreifenden Fachwissens klären konnten. Darüber hinaus ist es mir ein wichtiges Anliegen, mich bei den Vereinsmitgliedern Frau Anja Pala, Herrn Arndt Montag und Herrn Stephen Church sowie bei meiner Kommilitonin Frau Felizitas Balzer für ihre große Unterstützung und Hilfsbereitschaft zu bedanken. Ohne Euren Einsatz wäre diese Arbeit nicht möglich gewesen.

Besonderer Dank gilt zudem allen Teilnehmenden meiner Fokusgruppendiskussionen. Ein großes Dankeschön möchte ich hier sowohl für die Diskussions- und Informationsbereitschaft der Teilnehmenden als auch für die vielen interessanten und spannenden Beiträge, Diskussionen und Antworten auf meine gestellten Fragen aussprechen.

Ebenfalls möchte ich mich bei meinem Lektor für das Korrekturlesen dieser Arbeit bedanken. Er ist in den letzten Jahren während meines Studiums zu einer wichtigen Stütze geworden, ohne die ich mein Studium nicht in dieser Form hätte meistern können. Vielen Dank für die geduldige Begleitung!

Abschließend möchte ich mich von ganzem Herzen bei meiner gesamten Familie und meinen Freund*innen bedanken. Sie haben mich in der Zeit meines Studiums kontinuierlich unterstützt, motiviert und bestärkt. Bedanken möchte ich mich insbesondere für Eure ermutigenden Worte und offenen Ohren bei allen meinen Problemen, Fragen und Schreibblockaden.

Lisa-Marie Mühlender
Waiblingen, den 01.06.2022

Abstract

Videobasierte Beratungsmethoden erfreuen sich insbesondere in Zeiten eines beschleunigten Trends zur Digitalisierung in allen Lebensbereichen zunehmend größerer Beliebtheit. In besonderer Weise bemerkbar macht sich diese Tendenz durch die seit über zwei Jahren andauernde Ausbreitung des Corona-Virus, die zu erheblichen Einschränkungen im gesellschaftlichen Leben und den damit einhergehenden unmittelbaren Begegnungen zwischen Menschen führte. Diese Arbeit beschäftigt sich explizit mit der in den Niederlanden entstandenen und mittlerweile in großen Teilen Europas etablierten videogestützten und ressourcenorientierten Beratungsmethode VHT. Der gemeinnützige Verein und gleichzeitig Dachverband, *SPIN-DGVB Deutsche Gesellschaft für Videobasierte Beratung e.V.*, der für die Verbreitung und Entwicklung von VHT in allen deutschsprachigen Ländern zuständig ist, bat sowohl im Sinne einer Evidenzbasierung als auch einer methodischen Optimierung um eine Wirkungsanalyse dieser Methode im Kontext der Praxisqualifizierung von Berufsanfänger*innen im sozialen Bereich. Das Forschungsziel der vorliegenden Arbeit besteht darin, den Blick vom häufig bereits untersuchten Anwendungsfeld „Familie" auf die Arbeitsfelder der Sozialen Arbeit zu richten und die Wirkung von VHT in diesen Bereichen zu bestätigen. Im Vordergrund stehen dabei die *Positiven Bilder* als einer der vier Wirkfaktoren respektive Säulen von VHT. Hierzu wird die folgende Forschungsfrage gestellt: *,In welchem Maße begünstigen die* Positiven Bilder *als ein Wirkfaktor der Methode VHT bei Berufseinsteiger*innen im sozialen Bereich den Beziehungsaufbau zu Klient*innen und führen zu positiven, selbstbewusstseinsfördernden und professionalitätsbildenden Ergebnissen sowie zu einer ressourcenorientierten beruflichen Identität?'* Um diese Fragestellung beantworten zu können, wurde eine qualitative Studie mithilfe von Fokusgruppendiskussionen als Erhebungsinstrument durchgeführt. Dazu wurden zwei soziale Arbeitsfelder „Kindertagesstätte" und „Kinder- und Jugendhilfe" mit jeweils zwei Berufsanfänger*innen und zwei VHT-Professionals in zwei Fokusgruppen eingeteilt und befragt. Die Auswertung fand mit der qualitativen Inhaltsanalyse nach Mayring statt.

Die Forschungsergebnisse rechtfertigen und bekräftigen den Einsatz von VHT in Kindertageseinrichtungen sowie in Einrichtungen der Kinder- und Jugendhilfe. Die Proband*innen berichteten überwiegend von positiven Erfahrungen mit VHT und betonten, welchen großen Nutzen sie neben dem beruflichen Wachstum auch für ihre persönliche Entwicklung aus der Methode ziehen können. Negative Erfahrungen waren zumeist auf die technischen Anforderungen und die gegebenen Rahmenbedingungen in sozialen Einrichtungen zurückzuführen und ließen sich angesichts der Freude und positiven Energie hinsichtlich der Beratungsmethode VHT in den Diskussionen schnell entkräften. War der Wirkfaktor *Positive Bilder* zu Beginn eines VHT-Prozesses zunächst sehr befremdlich und ungewohnt, konnten sich die Berufseinsteiger*innen schnell mit dem Gesehenen identifizieren und empfanden das visuelle Feedback, das ausschließlich die gelungenen Momente zeigt, als selbstwertstärkend und selbstbewusstseinsfördernd. Zusätzlich fiel ihnen nach einigen Rückschauen die Interaktion mit den Kindern und Jugendlichen leichter, da sie bewusster in ebenjene Situationen hineingehen konnten. So profitieren nicht nur die Berufseinsteiger*innen vom Einsatz von VHT in sozialen Einrichtungen, sondern auch die Kinder und Jugendlichen sowie die VHT-Trainer*innen, die ebenso angaben, sich persönlich und beruflich durch die Methode weiterentwickelt zu haben. Die bedeutende Rolle der VHT-Professionals in den einzelnen Prozessen wurde vor allem im Arbeitsfeld der „Kinder- und Jugendhilfe" ausgiebig diskutiert und als sehr wertvoll empfunden. Im Großen und Ganzen zeigten sich im Hinblick auf die beiden Arbeitsfelder und ihre Aussagen einige Unterschiede, die jedoch nicht am allgemeinen Nutzen der Methode zweifeln lassen.

Weiterführende Forschung im VHT-Bereich könnte sich daher mit den drei weiteren Säulen der Methode oder anderen als die hier untersuchten Arbeitsfelder im sozialen Bereich beschäftigen.

Video-based consulting methods are becoming increasingly popular, especially in times of an accelerated trend towards digitalization in all areas of life. In a special way, this tendency has been made noticeable by the spread of the Corona virus, which has been going on for more than two years and has led to considerable restrictions in social life and the direct encounters between people that go along with it. This paper deals explicitly with the video-based and resource-oriented counseling method VHT, which originated in the Netherlands and is now established in large parts of Europe. The non-profit association and umbrella organization, SPIN-DGVB Deutsche Gesellschaft für Videobasierte Beratung e.V., which is responsible for the dissemination and development of VHT in all German-speaking countries, asked for an impact analysis of this method in the context of the practical qualification of young professionals in the social sector, both in terms of evidence-based and methodological optimization. The research objective of the present work is to redirect the view from the extensively examined field of application "family" towards aspects of social work and to confirm the effect of VHT in these fields. The focus is put on the Positive Images as one of the four effective factors or pillars of VHT. To this end, the following research question is asked: 'To what extent do Positive Images as an impact factor of the VHT method favor the development of relationships with clients among young professionals in the social field and lead to positive, self-confidence-promoting and professionalism-building results as well as to a resource-oriented professional identity?' In order to answer this question, a qualitative study was conducted using focus group discussions as a data collection instrument. For this purpose, two areas of social work "day care center" and "child and youth welfare" were divided into two focus groups, each with two newcomers to the profession and two VHT professionals, which were then interviewed. The evaluation was conducted by means of the qualitative content analysis according to Mayring.

The research results justify and reinforce the use of VHT in day care centers and child and youth welfare institutions. The test persons predominantly reported positive experiences with VHT and emphasized the great benefit they could derive from the method not only for professional growth but also for their personal development. Negative experiences were mostly due to the technical requirements and the given frame conditions in social institutions and could be quickly invalidated in view of the joy and positive energy regarding the consulting method VHT in the discussions. At the beginning of a VHT process, the impact factor of Positive Images was initially perceived as disconcerting and unfamiliar, but the young professionals were quickly able to identify with what they saw and found the visual feedback, which showed only the successful moments, to be self-esteem-boosting and self-confidence-enhancing. In addition, after a few viewings, they found it easier to interact with the children and young people, as they were able to enter into these situations more consciously. Thus, not only the young professionals benefit from the use of VHT in social institutions, but also the children and adolescents as well as the VHT trainers, who also stated that they have developed personally and professionally through the method. The important role of the VHT professionals in the individual processes was extensively discussed, especially in the working field of "child and youth welfare", and was perceived as very valuable. On the whole, there were some differences regarding the two fields of work and their statements, which, however, do not cast doubt on the general usefulness of the method.

Further research in the VHT field could therefore deal with the three other pillars of the method or other fields of work in the social sector than the ones investigated here.

Inhaltverzeichnis

Abbildungsverzeichnis

Tabellenverzeichnis

Abkürzungsverzeichnis

CAQDA......................Computer Aided / Assisted Qualitative Data Analysis
(dt.: Computergestützte qualitative Datenanalyse)

DGVB........................... Deutsche Gesellschaft für Videobasierte Beratung

Kita..Kindertagesstätte

SPIN...............Stichting Promotie Intensieve thuisbehandeling Nederland
(dt.: Stiftung zur Förderung der intensiven Familienbehandlung in der häuslichen Situation)

VHT...früher: Video-Home-Training

VIB...Video-Interaktions-Begleitung

VID... Video-Interaktions-Diagnostik

VIT...Video-Interaktions-Training

VKT...Video-Klinik-Training

VSM...Video Self Modeling

VST...Video-School-Training

1. Einleitung

1.1 Einführung in die Thematik

„Um klar zu sehen, genügt ein Wechsel der Blickrichtung." (Saint-Exupéry 1950)

Dieses Zitat aus dem Kinderbuch *Der kleine Prinz* (Originaltitel: *Le Petit Prince*) von Antoine de Saint-Exupéry beschreibt die Thematik dieser Arbeit treffend. Manchmal muss die eigene Sichtweise verändert werden, um ein Problem aufzudecken und eine passende Lösung dafür finden zu können. Gegenstand der vorliegenden Arbeit ist daher die videobasierte Beratungsmethode VHT (ehemals: Video-Home-Training), die an den Ressourcen der Betroffenen anknüpft, die zumeist Erziehungsschwierigkeiten oder Alltagsprobleme mit ihren oder den ihnen anvertrauten Kindern und Jugendlichen haben. Das Ziel besteht dabei in der Stärkung der Erziehungs- und Handlungskompetenzen, indem ausschließlich gelungene Situationen aufgezeigt werden und im Anschluss daran damit gearbeitet wird (Vlasak und Lüssow 2010: 3).

In den vergangenen Jahrzehnten hat sich die Lebenssituation von Familien zum einen grundlegend verändert. Die bekannte VHT-Autorin Helga Räder beschreibt diese Entwicklung in einer ihrer Publikationen sehr deutlich: „Individualisierung und Pluralisierung schaffen für den Einzelnen ein Mehr an Freiheit, das eigene Leben selbst zu gestalten. Inzwischen sind vielfältige Lebensformen gesellschaftlich anerkannt. [...] Gesellschaftliche Modernisierungsprozesse haben zudem Auswirkungen auf die Beziehung der Geschlechter und der Generationen untereinander. Insbesondere in den letzten Jahren ist es diesbezüglich zu einer Machtverschiebung gekommen. Nicht nur die Frauen, sondern auch die Kinder haben sich emanzipiert, d.h. Frauen haben mehr Einfluß den Männern gegenüber und Kinder den Erwachsenen gegenüber" (Räder 1996a: 418). Dieser Wandel schlägt sich natürlich auch auf die therapeutische und pädagogische Arbeit mit Kindern und Jugendlichen nieder (Gens und Heimbürger 1994: 4). All dies erfordert allerdings ein hohes Maß an kommunikativer und sozialer Kompetenz, die häufig auf beiden Seiten noch erlernt werden muss. Zum anderen haben sich insbesondere im Hinblick auf die Corona-Pandemie, die zu einer rasanten Entwicklung der Digitalisierung und zu einem vermehrten Umstieg auf digitale Lösungen geführt hat, zunehmend videobasierte Ansätze in der Beratung entwickelt (Dinkelaker 2020: 18). Die in dieser Arbeit behandelte Methode VHT entwickelte sich ursprünglich unter dem Namen *video-home-training* in den Niederlanden aus der stationären Erziehungshilfe heraus (Schepers und König 2000: 12). Wesentlich zur erfolgreichen Verbreitung in Deutschland trug und trägt auch weiterhin der gemeinnützige Verein *SPIN-DGVB e.V.*, die *Deutsche Gesellschaft für Videobasierte Beratung* bei (*SPIN* Deutschland 2021). Dieser konnte während der letzten 30 Jahre, in denen sich die videobasierte Beratungsmethode VHT in Deutschland etabliert hat, einige positive Ergebnisse und Wirkungen damit erzielen. Als Beispiele nennen viele der betroffenen Familien oder Fachkräfte einen besseren Zugang zu ihren Kindern oder Klient*innen. Außerdem bekämen sie mehr Einsicht in deren psychischen und sozialen Kontext sowie ein wirksames Handwerkszeug für einen gelingenden Beziehungsaufbau. Durch die Videoaufnahmen und die damit verbundenen Selbstwirksamkeitserfahrungen entwickelten sie mehr Selbstbewusstsein. Zudem gelinge es ihnen dabei besser und schneller, eine eigene ressourcenorientierte berufliche Identität auszubilden. Hierfür wurden insbesondere die vier Wirkfaktoren – auch Säulen genannt – verantwortlich gemacht. Diese sind die *Positiven Bilder*, das *Aktivierungsprinzip* (abgeleitet aus der Empowerment-Theorie), die *Gelungene Kommunikation* (‚*Basiskommunikation*‘) und der *Positive Ansatz*, mit dem in der Rückschau gearbeitet wird (*SPIN* Deutschland 2021).

Anwendung findet diese besondere Form der Beratungsmethode überwiegend in Familien und Kindertageseinrichtungen. Darüber hinaus kann sie aber auch in vielen anderen sozialen Bereichen wie beispielsweise der Kinder- und Jugendhilfe eingesetzt werden. Insbesondere für Fachkräfte, die gerade erst ihr Studium abgeschlossen haben und ihre Karriere in einer sozialen Einrichtung beginnen, kann die Methode laut dem Verein eine große Unterstützung darstellen (*SPIN* Deutschland 2021). Diese wichtige Phase im Leben eines Menschen sollte angemessen begleitet und gefördert werden (Schneider 2021: 64). VHT könnte hierfür eine gute Möglichkeit bieten, da bereits in anderen Forschungsarbeiten nachgewiesen wurde, dass die Methode motivierend wirken und die jeweiligen Stärken der begleiteten Personen aufzeigen kann.

1.2 Forschungsinteresse und Fragestellung

Die im vorherigen Abschnitt genannten Wirkfaktoren wurden seit der Etablierung des Vereins in Deutschland im Jahre 1996 noch nie wissenschaftlich untersucht und sind somit nicht evidenzbasiert (*SPIN* Deutschland 2021). Hinzu kommt, dass sich der Verein mit seiner videobasierten Beratungsmethode kontinuierlich weiterentwickeln möchte. Dies kann jedoch nur auf der Grundlage einer empirischen Forschungsarbeit, welche die positiven Aspekte aber auch die Problematiken und Schwierigkeiten der Methode aufzeigt, geschehen (*SPIN* Deutschland 2021).

Wie eingangs bereits erwähnt, kann VHT eine wichtige Stütze für Berufsanfänger*innen noch während oder direkt nach dem Studium darstellen. Aus diesem Grund interessiert sich der Verein *SPIN-DGVB e.V.* in dieser Arbeit ausschließlich für jene Wirkfaktoren, die den Berufseinsteiger*innen im sozialen Bereich einen positiven Start er-möglichen und zu einer Ausbildung und Stärkung des Selbstbewusstseins sowie einer professionellen beruflichen Identität führen.

Im Fokus stehen dabei immer die positiven Handlungs- und Verhaltensweisen. Schwachstellen oder Schwierigkeiten sollen auf kommunikativer Ebene verbessert werden. Das Lernen am eigenen Bild fördert des Weiteren das bessere Verständnis und wirkt sich positiv auf das eigene Selbstwertgefühl aus (*SPIN* Deutschland 2021). Insbesondere während des zumeist theoretischen Studiums und der Berufseinstiegsphase könnten praktische Beispiele und Übungen sowie Gespräche über das eigene situative und intuitive Handeln von großem Nutzen für die weitere Lernentwicklung sein. Eine Untersuchung des staatlich anerkannten Erziehers Heinz Elmer und der Diplom-Sozialpädagogin Sandra Grundmann zeigt darüber hinaus, dass sich die jungen Menschen „durch den sehr ressourcenorientierten Ansatz der Methode [...] in ihrem Lernprozess wertgeschätzt und unterstützt [fühlten]. Die Berufsanfänger*innen erkennen an den konkreten Videobildern aus dem eigenen Arbeitsalltag gut, wo die eigenen Stärken liegen, was sie schon gut können und bereits erfolgreich im pädagogischen Alltag umsetzen. Durch die Fokussierung auf zunächst positive Bilder entsteht ein gutes Gefühl im Hinblick auf die eigene Tätigkeit und Person. [...] Sie können daran wachsen und ihr Selbstbewusstsein wird positiv gestärkt. Das Bewusstmachen der eigenen Stärken macht sie offener dafür, auch an den Unzulänglichkeiten und Lernpunkten zu arbeiten" (Elmer und Grundmann 2020: 148–149). Dennoch stellt sich neben all diesen positiven Auswirkungen, die die Methode augenscheinlich zutage bringt, während der Durchführung von videobasierten Lernprozessen die Frage, ob und inwieweit welche Wirkfaktoren diese positiven Effekte begünstigen.

Dieser Frage möchte auch der Verein *SPIN-DGVB Deutsche Gesellschaft für Videobasierte Beratung e. V.* nachgehen. Zur stetigen Verbesserung und Weiterentwicklung sowohl der Methode als auch des Vereins an sich, sollen die oben genannten Wirkfaktoren aufgegriffen und hinsichtlich ihrer Wirksamkeit bei Berufsanfänger*innen untersucht werden. Um die vorliegende Arbeit thematisch und inhaltlich einzugrenzen, wird sich hierbei jedoch lediglich auf einen Wirkfaktor bezogen. Dieser ist der Wirkfaktor der *Positiven Bilder*. Nach einigen Expert*innengesprächen zu den Wirkfaktoren wurde deutlich, dass dieser am typischsten für die Methode ist. Wird nach den Säulen oder Wirkfaktoren von VHT gefragt, wird dieser meist zuerst genannt. Nutzer*innen der Methode berichten außerdem häufig von positiven Effekten, die sich auf ihr Alltagshandeln und ihre Persönlichkeit auswirken, wenn sie sich selbst in positiven Situationen sehen. Eine weitere Untersuchung unter Einbeziehung der restlichen drei Wirkfaktoren wäre jedoch in zukünftigen Forschungsarbeiten sinnvoll und mit Blick auf den raren Forschungsstand zum Thema auf jeden Fall notwendig.

Vor diesem Hintergrund beschäftigt sich diese Arbeit mit folgender zentraler Fragestellung: In welchem Maße begünstigen die *Positiven Bilder* als ein Wirkfaktor der Methode VHT bei Berufseinsteiger*innen im sozialen Bereich den Beziehungsaufbau zu Klient*innen und führen zu positiven, selbstbewusstseinsfördernden und professionalitätsbildenden Ergebnissen sowie zu einer ressourcenorientierten beruflichen Identität?

Wie vorgegangen wird, um diese Frage beantworten zu können, soll in Kapitel 1.4 erläutert werden. Zunächst liegt jedoch der Fokus auf der Skizzierung der Zielsetzung dieser Arbeit.

1.3 Zielsetzung

Eine Wirkungsanalyse erscheint in der Sozialen Arbeit möglicherweise paradox, denn Soziale Arbeit will nach Armin Schneider, dem Leiter des Instituts für Forschung und Weiterbildung an der Fachhochschule Koblenz „Wirkungen erzielen, hat aber oft Schwierigkeiten, diese auch darzustellen. Wenn Wirkungen erzielt werden wollen braucht es eine Erforschung von Wirkungen. Wenn Wirkung gewollt ist, muss diese auch beschrieben werden" (Schneider 2011: 13). Nichtsdestotrotz ist genau dies der Schwerpunkt der vorliegenden Arbeit. Das primäre Ziel hierbei es, den Verein *SPIN DGVB e.V.* bei der Evaluation und Weiterentwicklung der VHT-Methode zu unterstützen. Hierfür soll der Wirkfaktor der *Positiven Bilder* genauer in den Blick genommen und auf dessen Wirkung überprüft werden. Des Weiteren muss der Verein *SPIN-DGVB Deutsche Gesellschaft für Videobasierte Beratung e.V.* sowie die videobasierte Beratungsmethode VHT vorgestellt und auf deren relevante Merkmale eingegangen werden, um die weitere und tiefere Auseinandersetzung mit dem Thema gewährleisten zu können. Anschließend wird die Methode und das Forschungsdesign dargestellt, um anhand der Ergebnisse der Durchführung die Frage beantworten zu können, ob und inwieweit die *Positiven Bilder* des VHT Berufsanfänger*innen in ihren Tätigkeiten unterstützen und ihnen weitere Handlungsmöglichkeiten aufzeigen können. Dabei soll das lebenslange Lernen, welches nicht mit Beendigung des Studiums oder der Ausbildung aufhört und mit VHT fortgeführt werden kann, im Zentrum stehen. Angesichts der sich ständig verändernden Arbeitsbedingungen sind Weiter- und Fortbildungen heutzutage zwingend erforderlich und finden sowohl in Einrichtungen und Unternehmen als auch bei Berufstätigen eine wachsende Aufmerksamkeit (Remdisch und Otto 2016: 87), wie die Hochschulforschenden Sabine Remdisch und Christian Otto bestätigen.

Es wird daher erwartet, dass gemäß bereits erschienenen Forschungsergebnissen, Publikationen und Erfahrungsberichten die Wirkfaktoren im Großen und Ganzen einen positiven Einfluss auf die Berufseinsteiger*innen haben. Sicherlich wird es zwischen den Proband*innen erkennbare Unterschiede bezüglich des Lernerfolges geben, die durch die verschiedenen Persönlichkeiten und die damit verbundene Fähigkeit, sich darauf einzulassen, bedingt sind. Im Allgemeinen wird aber angenommen, dass sich ein homogenes Bild abzeichnen wird, welches die positiven Einflüsse wie die Stärkung des Selbstbewusstseins oder die Ausbildung der eigenen beruflichen Identität allesamt abbilden wird.

Überdies soll diese Arbeit zur Aktualisierung und Bereicherung des Forschungsstandes beitragen. Wie bereits erwähnt, existieren sehr wenige Forschungsarbeiten und Publikationen zu VHT. Mit dieser Arbeit kommt nun ein weiteres Forschungsdesiderat hinzu. Dabei besteht außerdem die übergreifende Hoffnung, die Beratungsmethode VHT bekannter und gebräuchlicher zu machen und in Familien mit Erziehungsschwierigkeiten sowie sozialen Einrichtungen kurzfristig oder dauerhaft zu etablieren.

1.4 Aufbau der Arbeit

Zu Beginn der Arbeit werden zunächst die relevanten Begriffe wie „Wirkungsanalyse", „Videogestützte Verfahren", „Berufsanfänger*innen", „Erwachsenenbildung" und „Sozialer Bereich" aufgeführt und erläutert. Darauf aufbauend werden die Hintergründe zum Verein *SPIN-DGVB Deutsche Gesellschaft für Videobasierte Beratung e.V.* sowie der videobasierten Beratungsmethode VHT beschrieben. Dabei geht es neben der Entstehung und Entwicklung der Methode auch um die Durchführung und den Ablauf. Dargestellt werden zudem Weiterbildungsmöglichkeiten zum VHT-Professional sowie mögliche Anwendungsgebiete. Bevor es dann um die Grenzen und Schwierigkeiten, mit denen sich VHT befassen muss, geht, werden die vier Säulen beziehungsweise Wirkfaktoren ausgeführt. Diese sind die Grundlage der Methode und für das weitere Vorgehen von besonderer Bedeutung.

Der zweite Teil der Arbeit behandelt den aktuellen Forschungsstand und widmet sich dabei einigen erschienenen Publikationen zur VHT-Methode. Im dritten Teil der Arbeit geht es dann um das forschungsmethodische Vorgehen. Zur Beantwortung der genannten Forschungsfrage wurde eine qualitative Forschungsmethode in Form von Fokusgruppendiskussionen gewählt. Diese Methode birgt den Vorteil, dass sie Hemmungen abbauen und wechselseitig Anregungen im Gespräch aufgreifen kann. So wird der weitere Gesprächsverlauf gefördert (Ebster und Stalzer 2017: 211). Hierfür wurden zwei homogene Gruppen gebildet, da diese laut Braunecker durch eine ähnliche Gruppenmeinung das Ergebnis bestätigen und vertiefen können (Braunecker 2021: 33). Für die vorliegende Arbeit bedeutet dies, dass jede Gruppe aus Teilnehmenden eines vorher definierten Arbeitsfeldes besteht. Um eine möglichst hohe Repräsentativität zu gewährleisten, wurden Arbeitsfelder gewählt, die einen hohen Bekanntheitsgrad in der Gesellschaft und Stellenwert in der Sozialen Arbeit haben. Diese sind das Arbeitsfeld der „Kindertagesstätte" („Kita") sowie der „Kinder- und Jugendhilfe". Nach der Durchführung und Transkription erfolgt die Auswertung. Diese greift auf den Methodenansatz der qualitativen Inhaltsanalyse nach Phillipp Mayring zurück.

An die Auswertung knüpft schließlich die Darstellung der Ergebnisse sowie deren Interpretation an. Diese sollen alsdann reflektiert und in Bezug auf ähnliche Studien und angenommene Resultate diskutiert werden. Ein Fazit und ein möglicher Ausblick runden die Arbeit ab.

2. Theoretischer Hintergrund

2.1 Begriffserklärungen

2.1.1 Wirkungsanalyse

Für den weiteren Verlauf dieser Arbeit, ist es notwendig, sich zuerst einmal die Definition einer Wirkungsanalyse (häufig auch Evaluation genannt) bewusst zu machen. Im Allgemeinen kann unter Wirkungsanalyse „zunächst einmal jene Forschung gefasst werden, die sich analytisch mit Methoden der quantitativen wie auch qualitativen Sozialforschung den Ursache-Wirkungszusammenhängen in der sozialen Wirklichkeit widmet. Dabei ist der Aspekt zentral, dass sozialwissenschaftliche Forschung weder dazu in der Lage ist, noch anstrebt, Gesetzmäßigkeiten, bzw. nomologische Aussagen zu formulieren" (Polutta 2019: 29). Ferner geht es Schneider darum, „Wirkungen zu vermuten, messbar zu machen und daraufhin Entscheidungen zu treffen" (Schneider 2011: 13). Die Berater*innen und Redakteur*innen Florian Hinze und Bettina Kurz, die sich überwiegend mit dem Thema „Wirkungsorientierung" beschäftigen, unterscheiden hierbei zwischen einem engeren und einem weiteren Sinne: „Wirkungsanalyse *im engeren Sinne* heißt, dass ausschließlich die Wirkungen eines Projekts betrachtet werden – also Outcomes und Impact. Bei dieser ergebnisorientierten Betrachtung bleibt allerdings völlig unklar, wodurch diese Wirkungen erzielt wurden und welche Maßnahmen dazu maßgeblich beitrugen (und welche nicht). [Eine Wirkungsanalyse] […] *in einem weitergefassten Sinn* […] [hinterfragt und betrachtet] neben den Wirkungen (Outcomes und Impact) auch die erbrachten Leistungen (Outputs) und deren Qualität […] sowie die grundlegenden Wirkungsannahmen […], auf denen das Projekt fußt" (Hinze und Kurz 2020). Dem stimmen auch die empirischen Wirtschaftssoziologen Edgar Treischl und Tobias Wolbring zu. Für sie stellen Evaluationen im breiteren Sinne „jedwede Formen der mehr oder weniger systematischen Bewertung des Werts oder der Qualität einer Sache, Person oder Maßnahme" dar (Treischl und Wolbring 2020: 11). Auf dieses weite Verständnis von Wirkungsanalysen zielt auch diese Arbeit ab.

Dies setzt auch immer das Sammeln von Daten voraus. Gemäß dem Professor für Andragogik Jost Reischmann muss dieses Sammeln in einer systematisch-methodischen Form erfolgen. Damit ist jedoch nicht das starre Ausfüllen von standardisierten Fragebögen mit einer großen repräsentativen Stichprobe gemeint. Auch kleinere Personengruppen oder offene Fragen können zu einer sinnvollen und vorzeigbaren Wirkungsanalyse führen. Zu den gängigsten Verfahren hierbei gehören Befragungen in schriftlicher oder mündlicher Form, Beobachtungen, Tests und Materialanalysen (Reischmann 2006: 137). Für die vorliegende Arbeit wurden Befragungen in mündlicher Form zur Wirkungsanalyse genutzt. Der Erwachsenen- und Berufspädagoge Rolf Arnold nennt darüber hinaus vier Erfolgsarten, die die Qualität einer Maßnahme ausmachen sollen. Hierzu gehören der Legitimations-, Zufriedenheits-, Lern- und Transfererfolg (Arnold 1999: 36). Im Anschluss an die Darstellung der Ergebnisse wird im Verlauf dieser Arbeit versucht, die Ergebnisse auf die genannten Erfolgsarten zu beziehen und auf deren Erreichung zu überprüfen.

Als Beispiele für Anwendungsgebiete von Wirkungsanalysen können neben Maßnahmen und Programmen auch Projekte genannt werden. Beispiele für Arbeitsfelder, in denen eine Wirkungsanalyse vollzogen werden kann, gibt es reichlich. Für den sozialen Bereich könnten dies beispielsweise die Kindertagesbetreuung, die Schulsozialarbeit, die Frühen Hilfen, die Hilfen zur Erziehung oder die mobile Jugendarbeit sein (Begemann, Bleck und Liebig 2019: 136–209). Im Grunde ist jedoch jedes Feld geeignet für eine Evaluation, vorausgesetzt es finden Projekt, Angebote oder Programme statt. Ziel ist es dabei immer, das Evaluierte zu verbessern oder zumindest dessen Wirkung nach außen oder auf die Betroffenen beziehungsweise Teilnehmenden zu eruieren (Schneider 2011: 13). An dieser Stelle wird die Notwendigkeit eines Bewertungsmaßstabes zur Einordnung von Effektstärken deutlich. Dieser kann unterschiedlich aussehen und identifiziert die Interventionen in der Regel in „gut", „schlecht", „erfolgreich" oder „erfolglos" (Treischl und Wolbring 2020: 30).

Bei der Durchführung einer Wirkungsanalyse wird der Forschende immer auch mit Schwierigkeiten und Grenzen konfrontiert werden. Zum einen ist es ein sehr aufwendiges Vorhaben, das einer reflektierten Samplingstrategie sowie angepassten Verfahrensschritten bedarf. Zum anderen sind Vergleiche mit anderen Analysen aufgrund der häufig individuellen Untersuchung von einzelnen Projekten oder Programmen nicht möglich (Rudolf 2011: 190). Des Weiteren kritisiert Reischmann, dass eine gelungene Wirkung oftmals nicht sichtbar wird, da sie eventuell nicht bewusst gemacht werden kann. Bei der Messung von Erfolg muss sich zudem immer die Frage gestellt werden, ob dieser momentan subjektiv oder objektiv bewertet wird. Überzogene Erwartungen an die Analyse verfälschen häufig das Ergebnis und machen es unglaubwürdig, sodass es im Endeffekt nicht verwendet werden kann (Reischmann 1993: 199–200). Trotz der aufgezeigten Grenzen wird in dieser Arbeit eine Wirkungsanalyse durchgeführt. Über die potenziellen Schwierigkeiten dabei wurde sich im Vorfeld bewusst gemacht und im Rahmen der Forschungsarbeit versucht, dennoch ein repräsentatives Ergebnis zu erzielen.

2.1.2 Videogestützte Verfahren

In den letzten Jahren ist das Interesse an videogestützten Verfahren beachtlich gestiegen. Dies zeigt sich vor allem in den Untersuchungen und Studien mit und über videobasierte Methoden, die seit einiger Zeit zahlreich in Form von Handbüchern oder Sammelwerken erscheinen (Krug 2009: 161). Als Beispiele können die beiden im Jahr 2009 veröffentlichen Arbeiten von Bohnsack sowie Dinkelaker und Herrle dienen. Während ersterer sich auf die qualitative Bild- und Videointerpretation mit der dokumentarischen Methode beschränkt (Bohnsack 2011), geben letztere eine Einführung zur Videographie in den Erziehungswissenschaften (Dinkelaker und Herrle 2009). Die Fachärztin für Kinder- und Jugendpsychiatrie und -psychotherapie Therese Niklaus Loosli führt diese Entwicklung auf die sich stetig verändernden Lebensbedingungen zurück. Zum einen ausgelöst durch die Emanzipation sowie die Veränderung des Rollenverständnisses und des Familienbildes. Zum anderen wiederum entstanden mit der vor zwei Jahren aufgekommenen Corona-Pandemie, die die meisten Menschen, darunter auch Kinder, dazu zwang, sich neues technisches und digitales Wissen anzueignen (Niklaus Loosli 2020: 32).

Das Leibniz-Institut für Bildungsforschung und Bildungsinformation (DIPF) beschreibt diese Form der Methodik wie folgt: „Bei videogestützten Verfahren wird die Bearbeitung von Aufgaben mittels Videokameras aufgezeichnet und das sichtbare Verhalten der Kinder nach bestimmten Kriterien ausgewertet. Dies ermöglicht, weitergehende Informationen über das Vorgehen bei bestimmten Aufgaben (wie z.B. Lese- und Rechenstrategien) oder Verhaltensweisen (z.B. Kommunikations- oder Interaktionsverhalten) zu erhalten. Videoaufzeichnungen werden oft in Kombination mit schrift- und handlungsbasierten Verfahren verwendet" (DIPF | Leibniz-Institut für Bildungsforschung und Bildungsinformation 2020). In dieser Definition wird deutlich, dass es den Autor*innen insbesondere um die Förderung von Kindern geht. Dass jedoch auch Jugendliche oder Erwachsene Adressat*innen von videogestützten Verfahren sein können, wird außer Acht gelassen. So veröffentlichten die Sozialpädagoginnen Kerstin Gloger-Wendland und Helga Reekers beispielsweise eine Informationsbroschüre zur „Ressourcenorientierten Videoarbeit in der Kita". Darin heißt es: „Pädagogische Fachkräfte haben für gruppenübergreifende Fragestellungen des Arbeitsalltages die Möglichkeit, Beratung mit dem Blick auf Videosequenzen in Anspruch zu nehmen. Schwerpunktmäßig werden kommunikative und interaktive Kompetenzen erkannt und weiter ausgebaut. Dies trifft auch auf BerufsanwärterInnen und PraktikantInnen zu" (Gloger-Wendland und Reekers 2018: 19). Weiter führt das Institut den Ablauf aus: „Bei videogestützten Untersuchungen bearbeitet Ihr Kind in der Regel Aufgaben oder interagiert mit anderen Personen. Dabei sind je nach Fragestellung eine oder mehrere Videokameras auf die Untersuchungssituation gerichtet. Die Untersuchung findet in einer ungestörten Umgebung statt, um einerseits eine optimale Konzentration und Leistungsfähigkeit der Kinder zu ermöglichen und andererseits die Aufnahmequalität, insbesondere der Tonaufnahmen, nicht zu beeinträchtigen" (DIPF | Leibniz-Institut für Bildungsforschung und Bildungsinformation 2020).

Historisch betrachtet ist es jedoch kein neues Verfahren, wie die EREV-Referentin und -Redakteurin Annette Bremeyer in folgendem Zitat darlegt: „Zwischenmenschliche Prozesse im pädagogischen Miteinander im Film festzuhalten, um sich mithilfe des Spiegels der Bilder weiterzuentwickeln - diese Methode gibt es seit den 1980er Jahren. Sie wurde in den Niederlanden von Maria Aarts und Harrie Biemans in der stationären Einrichtung »De Widdonck« in Limburg/Holland entwickelt und wird bis heute in den beiden Formen Marte

Meo und Video-Home-Training (VHT) als Hilfsmittel in pädagogischen und anderen zwischenmenschlichen Prozessen eingesetzt" (Bremeyer 2020: 8). Zur grafischen Veranschaulichung der geschichtlichen Entwicklung von videogestützten Verfahren wurde Abbildung 1 entworfen. Auf die Entstehung und Entwicklung der VHT-Methode wird in einem späteren Kapitel noch genauer eingegangen.

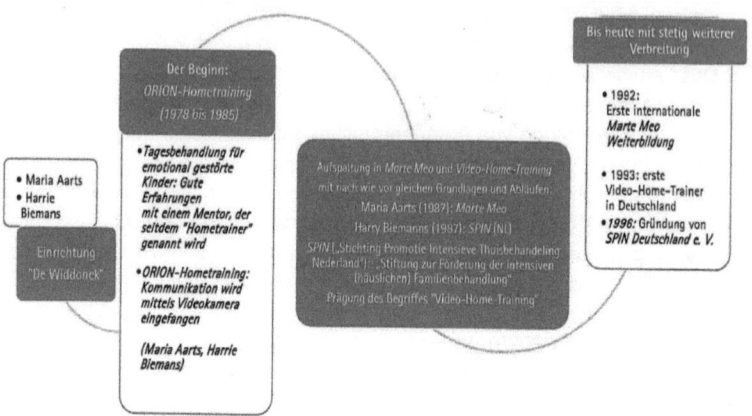

Abbildung 1: Entwicklung der videogestützten Verfahren (Bremeyer 2020: 8)

Die Sozialforscherin Melanie Krug wundert sich keineswegs über den verbreiteten Gebrauch von videobasierten Verfahren. Laut ihr stellt diese Methode ein umfangreiches Datenmaterial zur Verfügung, dessen Vorteil insbesondere in der Dokumentation der nonverbalen Inhalte menschlichen Verhaltens liegt. Hinzu kommt, dass dieses im Verhältnis zu anderen Methoden schnell zusammengetragen werden kann, was jedoch gewisse technische Vorkenntnisse voraussetzt. Darüber hinaus können Geschehnisse und Interaktionen mit Videographie detailreich und objektiv aufgenommen werden. Allerdings stellt sie Forschende vor das Problem der Komplexitätsreduktion, die erreicht werden muss, ohne die Mehrdimensionalität der Daten zu zerstören. Dabei stellt sich auch immer die Frage der Selektivität, da Kamerapositionen und Perspektiven nur einen Teil der gesellschaftlichen Realität aus bestimmten Perspektiven erfassen können. Dies wird sicherlich auch einer der Gründe sein, warum die Videographie noch nicht als institutionalisiert gelten kann (Krug 2009: 166). Die Professorin für Erwachsenenbildung und Bildungsmanagement Ingeborg Schüßler plädiert aufgrund der Vorteile und trotz deren Nachteile für den Einsatz von videogestützten Beobachtungsverfahren in der Erwachsenenbildung und darüber hinaus (Schüßler 2012: 63). Die Definition des Begriffs Erwachsenenbildung in dieser Arbeit wird im nächsten Abschnitt erläutert.

2.1.3 Erwachsenenbildung

Wie der Name zu erkennen lässt, geht es bei der Erwachsenenbildung um die Bildung und das Lernen von Erwachsenen also von Menschen, die die Schule bereits abgeschlossen haben und bereits im Berufsleben stehen. Während die Theorie als Andragogik bezeichnet wird, deckt der Begriff der Erwachsenenbildung die gesamte Praxis ab. Des Öfteren wird diese auch mit Bezeichnungen wie lebenslanges Lernen in Verbindung gebracht. Zu Beginn des 19. Jahrhunderts als praktisches Bildungsangebot entstanden (Reifenrath 1983: 1), entwickelte sich die Erwachsenenbildung rasant zu einem freiwilligen Angebot für erwachsene Menschen, die sich zum Beispiel in kultureller, kulinarischer, fachlicher, politischer oder religiöser Sicht weiterbilden möchten (Gruber 2011: 161–162). In den 1970er wurde Erwachsenenbildung schließlich zum einen ein bildungspolitisch interessantes Thema. Zum anderen verbreitete sich zu dieser Zeit zunehmend der Begriff der Weiterbildung (Lenz 2011: 15). Heutzutage muss sich die Erwachsenenbildung mit der digitalen Transformation auseinandersetzen und neue Formen von Angeboten schaffen (Wollersheim, Karapanos und Pengel 2021: 11), wie die Erziehungswissenschaftler und Pädagogen Heinz-Werner Wollersheim, Marios Karapanos und Norbert Pengel explizit betonen. Dies erfordert neben der Umstellung für die Betroffenen und Teilnehmenden auch den Einsatz der Mitarbeitenden sowie die Umgestaltung der verschiedenen Bildungshäuser. Dieses Unterfangen ist zwar zumeist sehr kostspielig und aufwendig, in der heutigen Zeit vor allem aufgrund der Corona-Pandemie jedoch unumgänglich (Filzmoser 2021: 11).

Die Aufgabe der Erwachsenenbildung besteht einigen Publikationen zufolge nicht mehr allein darin, „den Erwachsenen immer wieder ‚zu sich selbst' zu führen, sondern auch […], ihn ‚zur Gesellschaft' zu führen. In welcher Weise eine Vermittlung oder ein Gleichgewicht oder ein ausgewogenes Verhältnis zwischen diesen beiden Absichten erreicht werden kann, wird zum Problem" (Dieckmann 1973: 26–27). Ein weiteres Problem sieht der Pädagoge Bruno H. Reifenrath in dem Spannungsverhältnis zwischen Planung und Freiheit, das in der Ausübung von Erwachsenenbildung unweigerlich zum Vorschein tritt. Dabei geht es auch immer um das geplante, kontrollierte Lernen und das eigene, freie Lernen. Beides hat durchaus seine Berechtigung und sollte infolgedessen gut miteinander kombiniert werden (Reifenrath 1983: 152). „Als gelungene Erwachsenenbildung wird ein Lernen Erwachsener angesehen, welches zu anhaltenden Wirkungen im Hinblick auf die Weiterentwicklung sowie die Transformation oder Differenzierung fachlich-inhaltlicher, sozialer, methodischer und emotionaler Kompetenzen Erwachsener führt" (Arnold u.a. 2002: 6), stellt das Deutsche Institut für Erwachsenenbildung (DIE) unter Rolf Arnold in Bezug auf eine erfolgsversprechende Erwachsenenbildung fest.

Immer häufiger wird dieses lebenslange Lernen auch als zwingend erforderlich für das Bestehen im heutigen Erwerbsleben gesehen (Bolder 2011: 54). Grund hierfür ist nach Remdisch und Otto die rapide Veraltung des erworbenen Wissens in unserer digitalen Wissensgesellschaft: „Arbeitsstrukturen werden flexibler, lineare Erwerbsbiografien seltener" (Remdisch und Otto 2016: 9). Möglichkeiten dieses lebenslange Lernen umzusetzen und sich auch als Erwachsener noch weiterzubilden, gibt es hierzulande zahlreich. Hochschulen bieten häufig einzelne Kurse an oder eröffnen Berufstätigen Weiterbildungschancen durch ein berufsbegleitendes Studium. Darüber hinaus existieren Familien-Bildungsstätten und Volkshochschulen sowie weitere Vereine oder Verbände, in denen Angebote wahrgenommen werden können. Und auch im eigenen Unternehmen und oder der eigenen Firma besteht immer öfter die Option an Fortbildungsmaßnahmen teilzunehmen (Remdisch und Otto 2016: 87). Hierbei kann die Soziale Arbeit eine nicht unerhebliche Rolle spielen. Gerade in der Eltern- und Familienbildung zeigen sich Parallelen zur Erwachsenenbildung, die von Sozialpädagog*innen mitgestaltet werden können (Gundlach 2021: 80).

An dieser Stelle kann außerdem laut Schüßler offengelegt werden, dass „eine erwachsenenpädagogische Lern- und Wirkungsforschung, die es vor allem auch mit selbstorganisierten und informellen Lernprozessen Erwachsener zu tun hat, an den Anforderungen evidenzbasierter Forschung, wie sie derzeit propagiert wird, scheitern muss, wenn sie nicht hinter ihr disziplinäres Erkenntnispotenzial zurückfallen will" (Schüßler 2012: 62). Dies soll in dieser Arbeit jedoch kein Hindernis darstellen.

2.1.4 Berufsanfänger*innen

Der Duden, das Rechtschreibwörterbuch der deutschen Sprache, definiert ein*e Berufsanfänger*in (auch Berufseinsteiger*innen) als eine „Person, die am Anfang ihrer beruflichen Laufbahn steht" (Duden 2022). Jedoch finden sich in der Literatur unterschiedliche Ansichten darüber, wann diese Phase beginnt, wie lange sie andauert und wann sie endet. Auf der einen Seite bezeichnet der Schulpädagoge Klaus Schneider Berufsanfänger*innen im Übergang von der Ausbildungsphase in den Beruf bzw. in die Berufseinstiegsphase (Schneider 2021: 63). In der Lehramtsausbildung wird diese Phase auch „Induktionsphase" genannt und erstreckt sich über einen Zeitraum von zwölf Monaten ab Dienstbeginn (Prenzel u.a. 2021: 12). Auf der anderen Seite betitelt die *Wolfsburger Allgemeine* in einem Artikel bereits Auszubildende als Berufsanfänger*innen (Wolfburger Allgemeine 2020). Welche Seite nun sinnhafter ist und beachtet werden sollte, sei zunächst einmal dahingestellt. In dieser Arbeit wird der Begriff der Berufsanfänger*innen in einem breiten Verständnis verwendet. Das bedeutet, dass beide Seiten durchaus ihre Berechtigung haben und hier auch so dargestellt werden. Welche Berufseinsteiger*innen für die Stichprobe ausgewählt wurden, wird in einem späteren Kapitel beschrieben. Zu erwähnen ist außerdem, dass es künftige Berufsanfänger*innen „nie zuvor […] so gut gehabt [haben] wie heute. Denn Unternehmen werben immer offensiver um Auszubildende und künftige Arbeitnehmer" (Strouvelle 2018).

Dem sind allerdings die aktuellen Entwicklungen bedingt durch die COVID-19-Krise entgegenzuhalten. Denn „bereits im ablaufenden Ausbildungsjahr hätten viele Firmen die betriebliche Ausbildung deutlich zurückgefahren oder ganz eingestellt. Nach Angabe der Arbeitsagentur sank die Zahl der angebotenen Ausbildungsplätze in Ansbach zwischen Oktober und Juni um 5,7 Prozent im Vergleich zum Vorjahreszeitraum" (Kraus 2020). Firmen und Unternehmen bieten jedoch nicht nur weniger Ausbildungsplätze an, sondern stellen auch weniger Personal ein. All dies führt in einigen besonders von der Pandemie betroffenen Branchen wie zum Beispiel der Gastronomie, den Bars, Clubs, Veranstaltungen, Hotels oder dem Theater (Statista 2020) zu erheblichen finanziellen Problemen und letztendlich zu bedeutend schlechteren Chancen für Berufseinsteiger*innen.

2.1.5 Sozialer Bereich

Definitionsgemäß hat „das Adjektiv ‚sozial' (lat. socialis) [...] zwei Bedeutungsebenen – eine beschreibende (deskriptive) und eine wertende (evaluative), die beide im heutigen allgemeinen Sprachgebrauch und auch für Soziale Arbeit im wissenschaftlichen Kontext von Bedeutung sind. ‚Sozial' beschreibt, wie mehrere Menschen sich aufeinander beziehen, miteinander verbunden sind und zusammenleben. Bewertend bezeichnet es, dass Menschen grundsätzlich in der Lage und bereit sind, ihren Blick auf andere Menschen zu richten, ihnen hilfsbereit und barmherzig zu begegnen" (Mennemann und Dummann 2020: 14). Somit bezieht sich der soziale Bereich auf ein Tätigkeitsfeld, das hilfebedürftige Menschen sowohl stark in den Blick nimmt als auch auf deren Probleme und Bedürfnisse eingehen und mit deren Ressourcen arbeiten möchte. Den generellen Auftrag und das Ziel von Sozialer Arbeit sieht die Supervisorin und Professorin für Soziale Arbeit Martina Schäfer in der „Förderung von gesellschaftlichen Veränderungsprozessen im Sinne der Autonomie und Stärkung der Selbstbestimmung von Menschen. Folglich sind Fachkräfte der Sozialen Arbeit dabei behilflich, Menschen in ihren komplexen Lebenslagen und vielfältigen Herausforderungen zu unterstützen" (Schäfer 2021: 3). Geprägt ist der Sozialbereich dem Redakteur und Experten des sozialen Bereichs Christoph Schlatter zufolge im negativen wie im positiven Sinne von „Vielfalt: zahlreiche Berufe, zig Arbeitgeber. Viel gute Arbeit, viel zu schlecht honoriert. Viel Professionalität, die wegen zu hohen Fallzahlen verpufft. Viel Engagement, das der zunehmenden Bürokratie zum Opfer fällt. Die Beschäftigten in sozialen Berufen (Sozialarbeiterinnen, Sozialpädagogen, Werkstattleiterinnen, Animatoren, Erzieherinnen und FaBe und viele mehr) sind in ihrem Berufsalltag immer stärker unter Druck" (Schlatter 2021).
Es würde den Rahmen dieser Arbeit sprengen, auf die Entstehung der Sozialen Arbeit sowie des sozialen Bereichs tiefer einzugehen. Im Wesentlichen kann aber gesagt werden, dass die Anfänge bis in das 12. Jahrhundert reichen. Früher noch unter der Bezeichnung „öffentliche Hilfeleistungen" ging es

insbesondere um die Fürsorge von Kindern und Erwachsenen und die Armen-
pflege. Erst im 20. Jahrhundert hielten Begriffe wie Pädagogik, Bildung
oder Prävention Einzug in die Soziale Arbeit und dessen Bereiche (Schilling
und Klus 2018: 93). Soziale Berufe können in vier Arbeitsfelder unterteilt werden: Arbeit mit älteren Menschen/Senioren (z. B. Altenpfleger*in, Altenpflege-
helfer*in), Arbeit mit verletzten oder kranken Menschen (z. B. Rettungssanitä-
ter*in, Krankenpfleger*in), Arbeit mit Babys und Müttern oder Kindern (z. B.
Hebamme, Kinderkrankenpfleger*in oder Erzieher*in) und die Arbeit als
Therapeut*in oder Betreuer*in (z. B. Physiotherapeut*in, Ergotherapeut*in, Lo-
gopäd*in oder Diätassistent*in) (Heberlein 2020). Um im sozialen Bereich tätig
sein zu können, kann entweder eine Ausbildung im entsprechenden Arbeitsfeld absolviert oder Fachrichtungen wie Soziale Arbeit, Sozialpädagogik, So-
zialmanagement, Heil-, Früh-, oder Kindheitspädagogik studiert werden.
Selbstverständlich besteht die Möglichkeit, beides zu kombinieren, also beispielsweise auf eine Ausbildung ein Studium folgen zu lassen (Heberlein
2020).
Nachdem nun die Grundbegrifflichkeiten dieser Arbeit geklärt wurden, soll im
nächsten Kapitel der Verein *SPIN-DGVB Deutsche Gesellschaft für Videobasierte Beratung e.V.* genauer beleuchtet werden.

2.2 SPIN-DGVB Deutsche Gesellschaft für Videobasierte Beratung e.V.

2.2.1 Vorstellung des Vereins

Die Diplom-Pädagogin, Video-Home-Trainerin, VHT-Ausbilderin und Supervisorin sowie Geschäftsführerin von *SPIN-DGVB Deutsche Gesellschaft für Videobasierte Beratung e.V.* Hannelore Gens legt auf ihrer Website die Anfänge
der videobasierten Beratungsmethode VHT dar. Darin führt sie aus: „Die videobasierte Beratungsmethode VHT steht in der Tradition der niederländischen Stiftung *SPIN*, die das VHT (früher „Video-Home-Training") Mitte der
1980er Jahre entwickelt hat" (Gens 2018b). *SPIN* steht für *Stichting Promotie
Intensieve thuisbehandeling Nederland* und bedeutet frei übersetzt „Stiftung
zur Förderung der intensiven Familienbehandlung in der häuslichen Situation".
Die VHT-Expertin Simone Kröner weist in diesem Zusammenhang nach, dass
sich *SPIN* zwischenzeitlich über die Niederlande hinaus international implementiert und etabliert hat (Kröner 2017: 117).
Hinter der Beratungsmethode VHT steht in Deutschland, Österreich und der
Schweiz der gemeinnützige Verein *SPIN-DGVB Deutsche Gesellschaft für Videobasierte Beratung e.V.* als Dachverband, der seit 1996 maßgeblich für die
Verbreitung der Methode hierzulande verantwortlich ist (*SPIN* Deutschland
2021). Seit 2018 ist der Verein als systemische Beratungsform anerkannt. Daneben ist er Mitglied in der *DGSF e.V.* (*Deutsche Gesellschaft für Systemische
Therapie, Beratung und Familientherapie*) (Balzer 2021: 4). Laut deren Web-

site besteht das Ziel dieses Vereins in der Verbindung von Menschen und Institutionen, die systemisch arbeiten. Im Fokus des berufsübergreifenden Fachverbandes steht neben der systemischen Therapie, Beratung, Supervision und Mediation auch das Coaching und die Organisationsentwicklung (DGSF e. V. 2022).

Mittlerweile zählt *SPIN DGVB e.V.* über 1.000 ausgebildete VHT-Professionals und verfügt zudem über ein gut verknüpftes Netz von VHT-Ausbilder*innen und Supervisor*innen. Insgesamt organisiert sich der Verein in einem Bundesverband und sechs Landesverbänden (Balzer 2021: 4). Mit dem detaillierten Aufbau und den Gremien des Vereins beschäftigen sich die anschließenden Abschnitte.

2.2.2 Aufbau

SPIN-DGVB, die *Deutsche Gesellschaft für Videobasierte Beratung e.V.* ist strukturiert aufgebaut und dabei gut vernetzt. Wie bereits beschrieben, gibt es zunächst einen Bundesverband. Der Homepage des Vereins zufolge vertritt dieser „die gemeinsamen Interessen nach innen und nach außen. Er erlässt u.a. die Weiterbildungsrichtlinien, kontrolliert Weiterbildungsstandards und führt Zertifizierungen sowie die Weiterbildung und Supervision der VHT-Ausbilder*innen und Supervisor*innen durch. Er ist darüber hinaus zuständig für Qualitätssicherung, die bundesweite Öffentlichkeitsarbeit sowie die Vernetzung mit internationalen VHT-Organisationen" (*SPIN* Deutschland 2021). Hinzu kommen sechs Landes- respektive Regionalverbände: *Landesverband SPIN Baden-Württemberg e.V., Landesverband SPIN Bayern e.V., Landesverband SPIN Niedersachsen e.V., Landesverband SPIN Nordost-DGVB e.V., Landesverband SPIN NRW e.V. und Landesverband SPIN Rheinland-Pfalz e.V.* Diese sind „Kontakt- und Beratungszentren für Interessent*innen und VHT-Professionals in der Region. Sie organisieren die Weiterbildung vor Ort und sichern die Qualität des VHTs durch Intervisionsgruppen und Fortbildungsangebote. Sie sind Anlaufstelle für Anfragen der Jugendhilfeträger und vermitteln Kontakte zu nach *SPIN*-Standards qualifizierten VHT-Professionals aus der Region" (*SPIN* Deutschland 2021), so heißt es auf der Website weiter. Aus dem dargestellten Organigramm (siehe Abbildung 2) wird ersichtlich, dass diese Landesverbände neben natürlichen und juristischen Personen sowie Ehrenmitgliedern zur Mitgliederversammlung gehören und allesamt hierarchisch auf derselben Ebene angeordnet sind. Der Vorstand setzt sich aus insgesamt fünf Personen zusammen und wird alle zwei Jahre von der Mitgliederversammlung neu gewählt. Daneben existieren der Fachbeirat, die Zertifizierungs- und die Ausbildungskommission. Hierauf wird im kommenden Abschnitt noch genauer eingegangen. Im Großen und Ganzen wirkt das Organigramm zugegebenermaßen sehr flach und eher heterarchisch. Daher ist es nicht verwunderlich, dass große Hierarchien nicht zu bestehen scheinen.

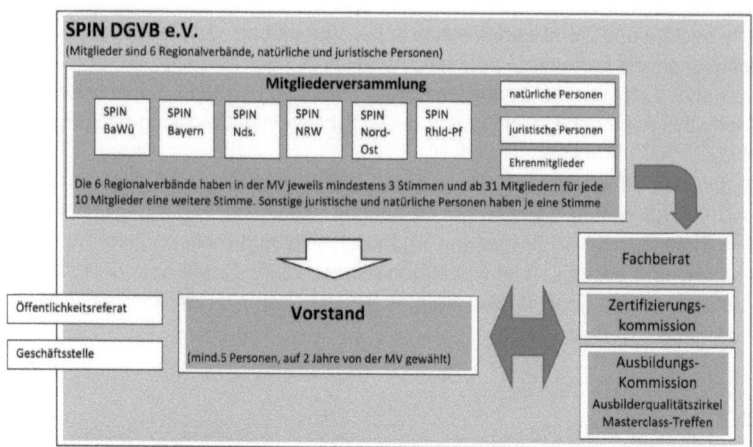

Abbildung 2: *SPIN-DGVB e.V.* Organisationsstruktur (*SPIN* Deutschland 2021)

2.2.3 Gremien

Der Verein *SPIN-DGVB Deutsche Gesellschaft für Videobasierte Beratung e.V.* besteht aus vier Gremien, die sich um die jeweiligen Anliegen und Aufgaben in den einzelnen Bereichen kümmern. Diese sind die Ausbildungskommission (AK), die Zertifizierungskommission (ZK), der Fachbeirat (FB) und die Masterclass-Treffen (MC) (*SPIN* Deutschland 2021). Die Schwerpunkte der Ausbildungskommission liegen in allen Belangen, die die Weiterbildung betreffen. Darunter zählt zum Beispiel die „Zuarbeit für den Bundesvorstand in Bezug auf Weiterbildungsrichtlinien und spezielle Weiterbildungsfragen sowie perspektivische Fragen der Weiterbildung" (*SPIN* Deutschland 2021). Die Zertifizierungskommission setzt sich aus sechs *SPIN*-Ausbilder*innen zusammen. Die Aufgaben bestehen im Aufstellen des Zertifizierungsplans für das Folgejahr. Hinzu kommen alle Belange, die für die Vorbereitung, den Verlauf und die Zertifizierung von Bedeutung sind sowie der Erfahrungsaustausch und gegebenenfalls Entwicklungsfragen. Daneben gibt es noch den Fachbeirat. Dieser setzt sich aus je einem Delegierten der Landesverbände sowie einem Vorstandsmitglied zusammen (*SPIN* Deutschland 2021). Der Fachbeirat beschäftigt sich mit der „Erarbeitung inhaltlich-fachlicher Positionen zu VHT. Er berät den Vorstand und arbeitet diesem zu" (*SPIN* Deutschland 2021). Schließlich treffen sich die Masterclass-Ausbilder*innen zweimal jährlich in den Masterclass-Treffen (*SPIN* Deutschland 2021). Dabei geht es um das „Setzen von Standards als höchstes fachliches Gremium, [das Erarbeiten von] Arbeitsmaterialien [sowie] Veröffentlichungen [und die] Zuarbeit für den Vorstand" (*SPIN* Deutschland 2021).

Im folgenden Kapitel soll es nun um die videobasierte Beratungsmethode VHT gehen. Die für diese Abhandlung relevanten Punkte werden dabei in einem theoretischen Rahmen skizziert und diskutiert bevor sich die Arbeit näher mit dem bereits bestehenden Forschungsstand auseinandersetzt.

2.3 Videobasierte Beratungsmethode VHT

2.3.1 Vorstellung der Methode

„Zusammen lachen, zusammen spielen, gemeinsam etwas Schönes erleben, im Flow zusammenarbeiten – diese glücklichen Momente lassen uns das Zusammensein genießen, motivieren und festigen die Beziehung" (*SPIN* Deutschland 2021), so lautet der erste Satz auf der Homepage von *SPIN-DGVB e.V.* zur Vorstellung der VHT-Methode. Weiter heißt es dort: „Videobilder dieses gelungenen Miteinanders sind die Grundlage für die Arbeit mit VHT. Beim gemeinsamen Blick in den Videospiegel wird es sichtbar. Sie zeigen auch, warum die Momente gelungen sind und wie sie immer wieder hergestellt werden können. Damit weisen sie den Weg zu einem entspannten und produktiven Umgang miteinander, die positiven Bilder sind das Vorbild, dem nachgeeifert werden kann" (*SPIN* Deutschland 2021). Im Grunde handelt es sich also um eine videobasierte Beratungsform, bei der in einem ersten Schritt zunächst eine alltägliche Situation mit der Kamera aufgezeichnet und visualisiert wird (Goltsche und Rössel 2009: 8). Diese wird daraufhin im Nachgang gemeinsam angeschaut und reflektiert (Heimbürger 1994b: 9). Dabei wird immer ein konsequent ressourcenorientierter und positiver Ansatz verfolgt (Schnackerz 2021).

Anfangs noch „Video-Home-Training" genannt, entschied sich *SPIN DGVB e.V.*, die *Deutsche Gesellschaft für Videobasierte Beratung* im Laufe der Zeit, „die Überschrift ‚VHT' zu wählen. Auf diese Weise sind die vielfältigen Anwendungsbereiche inkludiert und gewürdigt, die außerhalb des Familienzuhauses, des ‚Homes' in Video-‚Home'-Training, durchgeführt werden" (Balzer 2021: 4). Es sei in diesem Zusammenhang darauf hingewiesen, dass einige Autor*innen so zum Beispiel auch Kröner den Fokus dieser Methode ausschließlich auf die Ressourcen von Familien legen und das Ziel einerseits in der Verbesserung von Familienbeziehungen und andererseits in der Aktivierung der gesamten Familie vorwiegend allerdings der Eltern sehen (Kröner 2017: 116). Dies mag angesichts dessen Entstehungsgeschichte nicht verwundern, denn die Wurzeln von VHT liegen nun mal in der Arbeit mit Familien. Das Angebot hat sich in den letzten Jahren jedoch flächendeckend ausgebaut, sodass VHT mittlerweile vielseitig anwendbar ist (Schnackerz 2021). Die Masterclass-Ausbilderin Irene Goltsche fasst diese Entwicklung in ihrem Werk wie folgt zusammen: „VHT […] ist eine videogestützte Erziehungsberatung, welche für die Beratung von Eltern entwickelt wurde. Inzwischen findet VHT Einsatz in den verschiedensten pädagogischen und klinischen Arbeitsfeldern" (Goltsche 2016: 5).

Im Vordergrund stehen hingegen auch weiterhin die verschiedenen Ressourcen der Teilnehmenden und das Erarbeiten von gelungenen Szenen im alltäglichen Miteinander (Hirtz und Jouck 1996: 66). Nur diese „erfolgreichen Kontaktmomente" (Heimbürger 1994b: 9), wie der VHT-Ausbilder und -Supervisor Udo Heimbürger sie bezeichnet, werden in der gemeinsamen Rückschau auch präsentiert. Erziehungsdefizite oder Fehler werden dabei außer Acht gelassen. Dennoch sind und bleiben Familien oder Einrichtungen, die Schwierigkeiten mit der Erziehung oder Kommunikationsprobleme aufweisen, genau die Zielgruppe dieses lösungs- und ressourcenorientierten Ansatzes (Nee 2008: 47). Heimbürger nennt neben Familien mit Schrei- und Heulbabies, Kinder mit psychischen Problemen wie Ess- oder Schlafstörungen oder schwererziehbaren beziehungsweise verhaltensauffälligen Kindern und Jugendlichen außerdem auch Erzieher*innen, Sozialpädagog*innen, Heilpädagog*innen, Sonderpädagog*innen, Lehrer*innen oder Krankenpfleger*innen, Therapeut*innen und Ärzt*innen als mögliche Zielgruppe für die Beratungsmethode (Heimbürger 1994b: 11).

Darüber hinaus verweist der Psychologe und VHT-Experte Stephen Church auf ähnliche Methoden sowie Unterformen von VHT: „Video-Home-Training wird in Deutschland auch unter dem Namen Orion-Methode, Marte Meo oder Video-Interaktions-Training nach denselben Grundprinzipien praktiziert. Die Methode des VHT wird auch in der Beratung von pädagogischen Fachkräften als Video-Interaktions-Begleitung (VIB®) und in der Beratung von Lehrer/innen als Video-School-Training (VST®) angewendet" (Church 2004: 143). Das Video-Interaktions-Training (VIT) greifen auch die Psychologen, Sozialpädagogen und VIT-Trainer Jens-Eckart Fischer, Günter Voß und Carsten Schüler in ihrer Publikation auf und sehen darin einen wichtigen Beitrag für die Soziale Arbeit: „VIT ist mehr als Personalentwicklung. VIT ist Supervision, Teamcoaching und Personaltraining. VIT bietet einiges und versucht dabei mit wenig Zeit auszukommen. Denn Zeit wird gerade in sozialen Bereichen immer kostbarer. […] Der Schwerpunkt der videogestützten Arbeit […] liegt dabei in der Weiterentwicklung von Mitarbeitern, die im pädagogischen Alltag stehen" (Fischer, Voß und Schüler 2008: 80–82). Aus dieser These lässt sich ableiten, dass VIT immer in sozialen Einrichtungen mit den dort arbeitenden Fachkräften angewandt wird und letztendlich die Weiterentwicklung und -bildung ebendieser im Vordergrund steht. Diese Merkmale decken sich zwar auf der einen Seite mit der Video-Interaktions-Begleitung (VIB), bei der es gemäß Goltsche ebenfalls um die videogestützte und lösungsorientierte Arbeit an den Stärken und Ressourcen der Fachkräfte in sozialen Einrichtungen geht (Goltsche 2016: 106), werfen auf der anderen Seite aber auch die Frage auf, warum es für die Arbeit mit (sozial)pädagogischen Fachkräften zwei Formen des VHT benötigt. Beim genaueren Studieren des VITs wird indessen deutlich, dass diese Form des Öfteren auch als ein neues Elterntrainingsprogramm, das speziell für mehrfachbelastete Familien entwickelt wurde, definiert wird. Das Ziel besteht, ähnlich wie es bei der klassischen VHT-Methode der Fall ist, in der

Verbesserung der Eltern-Kind-Interaktion (Cordes und Petermann 2001: 124). Über die genaue Anwendungsbestimmung des VIT scheint sich die vorherrschende einschlägige Fachliteratur also uneinig zu sein. Des Weiteren existiert das bereits genannte Video-School-Training (VST), das, wie der Name bereits vermuten lässt, in der Schule eingesetzt wird und sich überwiegend an Lehrer*innen mit verhaltensauffälligen Schüler*innen richtet (Sanne 2009: 127–128). Eine weitere Abwandlung des VHT stellt zudem das Video-Klinik-Training (VKT) dar. Die Kinder- und Jugendpsychiater Filip Caby und Sandra Nee entwickelten diese Form zusammen mit dem VHT-Experten Guy Schepers und schildern dessen Rahmenbedingungen und Ziele wie folgt: „Die allgemeine Zielsetzung ist auch hier das Aktivieren der Ressourcen der am Interaktionsprozess beteiligten TeilnehmerInnen, allerdings im Rahmen des Kliniksettings. Die Indikation zum VKT entsteht in der Regel bei den Therapeuten, und zwar vor allem in der Arbeit mit Familien, die Probleme haben mit Erziehung im weitesten Sinne" (Caby und Nee 2008: 66). Mit Kliniksetting sind in diesen Ausführungen sicherlich Kinder- und Jugendpsychiatrien oder vergleichbare Einrichtungen gemeint. Hinzu kommen weitere Formen wie die Video-Interaktions-Diagnostik (VID), die jedoch in der Praxis kaum Verwendung findet und aufgrund dessen in dieser Arbeit unbeachtet gelassen werden kann (Goltsche 2016: 108).

Es ist außerdem wichtig zu erwähnen, dass VHT und somit auch der Verein *SPIN* keinen Alleinvertretungsanspruch einnehmen. Der Einsatz von Videoaufnahmen in der Beratung und Therapie wird bereits seit Jahrzehnten von einigen anderen Ansätzen ausgeübt (Bünder, Sirringhaus-Bünder und Helfer 2015: 99). Als Beispiel soll die Marte Meo-Methode dienen. Auch Marte Meo ist eine Methode „zur Entwicklungsunterstützung. Sie vermittelt praktische Kenntnisse mit Hilfe von Videoaufnahmen von Alltagsinteraktionen. Mit Marte Meo lernen Menschen Möglichkeiten zu sehen, um Entwicklungsprozesse im Alltag anzuregen und zu unterstützen" (Marte Meo International 2020), so umreißt zumindest die offizielle Website die Methode. Daraus wird deutlich, dass sich Marte Meo und VHT in ihren Grundzügen durchaus sehr ähneln. Diese Tatsache liegt zum größten Teil daran, dass die »Gründungseltern« Maria Aarts und Harrie Biemans das ursprünglich gemeinsam entwickelte ORION-Home-training „später je eigens in parallelen Prozessen weiterentwickelt und individuell benannt haben" (Bremeyer 2020: 8). Mit der Historie also der geschichtlichen Entstehung und Entwicklung der Methode befasst sich nach der Klärung der Grundlagen von VHT sowie der Beschreibung der einzelnen Abwandlungen das anschließende Kapitel genauer.

2.3.2 Geschichtliche Entstehung und Entwicklung

Die Entstehung und Entwicklung der videobasierten Beratungsmethode VHT ist an einigen historischen Stationen festzumachen. Die Anfänge sind auf die Mitte der 1970er Jahre und die Entstehung der heutigen Kinder- und Jugendhilfe zu datieren und auf die Mitarbeiter*innen eines niederländischen Heims für verhaltensauffällige Kinder in Roogel, Noord-Limburg zurückzuführen. Zu dieser Zeit stand der systemische Ansatz in der einschlägigen Fachliteratur in heftiger Kritik (Schnackerz 2021: 4). Vor diesem Hintergrund stellten sich die Beschäftigten die Frage, ob und inwieweit soziale Umstände wie zum Beispiel die Eltern und andere Angehörige die stationäre Behandlung eines Kindes beeinflussen würden (Schepers und König 2000: 12). Folglich entwickelten sie „Wohngruppensettings, die durch ein noch neuwertiges und experimentelles Bezugspersonen-System, ausgezeichnet waren. Das System sorgte für die Betreuung einzelner Kinder und setzte sich weitergehend mit dem sozialen Umfeld, den Familien, Schulen und Vereinen auseinander. Diese Art der sozialpädagogischen Arbeit öffnete den Horizont der stationären Hilfen und es folgten, unter dem Aspekt der Zusammenarbeit mit Familien und anderen Institutionen, sogenannte Tagesgruppen" (Schnackerz 2021: 4). Infolge dieses starken Einbezugs der Familien in die stationäre Behandlung entstand jedoch auch eine hohe Notwendigkeit, Absprachen einzuhalten, verbal sowie nonverbal zu kommunizieren und vermehrt am Wohngruppenalltag teilzunehmen. Hinzu kamen neue Erkenntnisse aus der Humanforschung. Der Humanethologe Colwyn Trevarthen beispielsweise „fand durch videounterstütze Forschungen heraus, dass Babys vom ersten Kontakt zur Mutter an, über nonverbale Kommunikation die Beziehung steuern. Durch diese Erkenntnisse dominierte die Vorstellung, dass die Beziehung zwischen Pädagogen*innen und Kindern wirkungsvoll ist und Einfluss auf die Beziehung zu den Eltern nimmt" (Schnackerz 2021: 4).

Trotz dieser Einflüsse dauerte es noch bis zum Anfang der 1980er Jahre, bis das erste Grundkonzept von VHT in einer großen stationären Jugendhilfeeinrichtung namens *De Widdonck* in Heibloem in den südlichen Niederlanden konzipiert und entwickelt wurde (Gens 2017: 1). Gens ergänzt außerdem, dass „sich zu dieser Zeit die technischen Möglichkeiten der Videoaufzeichnung rasant entwickelten: Die Kameras wurden kleiner und damit auch transportierbar, sie konnten in die Familien mitgenommen werden" (Gens 2020a: 10). Maßgeblich verantwortlich für diese Entwicklung waren die Mitarbeiter*innen von *De Widdonck* und Vertreter*innen der Kommunikationstheorie Harrie Biemans und Maria Aarts (Kreuzer 2007: 36). Bereits 1978 errichteten sie einen sogenannten *Dagebehandeling* (dt. Sonderkindergarten), bei dem die Eltern entscheiden konnten, ob ihr Kind stationär betreut werden oder lediglich eine ambulante Tagesgruppe besuchen soll. Im Fokus stand hierbei aber nicht nur die Zusammenarbeit mit den Eltern, denn „man wurde sich darüber bewußt, daß alle Familienmitglieder durch einen Eingriff in das Familiensystem beeinflußt wurden. Das bedeutete, daß die Hilfestellung für Familien mit psychosozialen, emotionalen bzw. Beziehungsproblemen alle Familienmitglieder miteinbeziehen mußte , was manchmal sogar bedeutete, daß mehrere Generationen betroffen waren" (Dekker 1994: 48). Angeregt durch den großen Erfolg dieses Projektes, begannen sie, nach weiteren Formen der psychologischen

Betreuung und Therapie zu suchen. Hierbei kamen sie letztendlich auf die Idee, für ihre Analysen Videobilder heranzuziehen (Aarts 2011: 45). Auch unter dem Aspekt, die nonverbale Kommunikation der beteiligten Familien besser einfangen zu können, schien der zunehmende Einbezug von Videoausschnitten erfolgsversprechend (Kreuzer 2007: 36). Das Projekt erhielt den Namen *ORION* und konnte im Jahre 1994 in den Niederlanden eine landesweite Kapazität von ungefähr 2.700 Familien und zirka 200 sowohl ambulante als auch stationäre Einrichtungen, die die VHT-Methode als Hilfeform anbieten, verzeichnen (Dekker 1996: 96–97). Aufgrund dieser großen Nachfrage, begannen die Mitarbeitenden die Familien auch zuhause zu besuchen, um sie zu filmen und anschließend zu beraten. Dieser Prozess wurde als „freies Hometraining" betitelt und erfreute sich weiterhin großer Beliebtheit. In der Jugendhilfe wurde hierfür der Oberbegriff „Hometreatment" gefunden (Bünder, Sirringhaus-Bünder und Helfer 2015: 19–20). Unter Bezugnahme der Meinung der niederländischen Pädagogin und VHT-Forscherin Tinus Dekker beruht dieser Anstieg des Interesses an VHT „einerseits auf einer Anzahl spezifischer Merkmale der Methode und andererseits ist es die Art, wie sie in den Niederlanden verbreitet wurde" (Dekker 1996: 97).

Aus diesem Projekt heraus entwickelte sich wenig später die gleichnamige niederländische Stiftung *ORION* (1985-1998) in Weert, Limburg. Im Jahre 1986 wurde daraufhin eine zweite Stiftung mit dem Namen *SPIN* gegründet (Schepers 2008: 8). Während erstere noch für die Implementierung der Methode in den Niederlanden zuständig war, sollte sich *SPIN* insbesondere um die überregionale Implementation des damaligen „video-home-trainings" kümmern (Gens 2020a: 10). Da es Maria Aarts jedoch vordergründig um die inhaltliche Weiterentwicklung einer videobasierten Methodik für Familien ging und sie weniger Interesse „am Aufbau einer großen landweiten Organisation [hatte], entschied sie sich, dem anderen Angebot des Ministeriums zu folgen und übernahm die Ausbildung von *Hometrainern* in Israel" (Bünder, Sirringhaus-Bünder und Helfer 2015: 21). Von Israel kam sie 1987 nach Norwegen, wo sie sich hiernach der Gründung einer neuen Methode namens Marte Meo widmete, die auf denselben Grundlagen des videobasierten Beratungsaspektes fußt (Gens 2017: 1), bemerkt Gens. Ergänzend stellt sie bezüglich der weiteren Entwicklung und Ausbreitung der VHT-Methode in Deutschland fest: „1996 wurde *SPIN Deutschland e.V.* als Lizenzhalter der niederländischen Stiftung gegründet. Der Name der Methode wurde der deutschen Sprache angepasst und wurde zu »Video-Home-Training«. Im Jahre 2017 benannte sich *SPIN Deutschland e.V.* in »*SPIN*-DGVB Deutsche Gesellschaft für Videobasierte Beratung e.V.« um und gab der Methode den Namen »VHT«, um dem erweiterten Klientenkreis Rechnung zu tragen, der nicht mehr nur aus Familien bestand und oft auch nicht mehr in der häuslichen Situation stattfand" (Gens 2020a: 10–11). Bis heute besteht die Aufgabe des deutschen Vereins in der Verbreitung, Weiterentwicklung und Ausbildung von Fachkräften (Schnackerz 2021: 5).

Nachfolgend sollen zur weiteren Verdeutlichung der Methode die Durchführung sowie der Ablauf des klassischen VHT beschrieben werden.

2.3.3 Durchführung und Ablauf

Die Durchführung und der Ablauf eines VHT-Prozesses erfolgen im Normalfall in einem sich mehrmals wiederholenden Muster (Schepers und König 2000: 27). In dieser Arbeit wird dieses in sechs Schritte unterteilt. Kröner erläutert den ersten Schritt, auch Intake genannt, mit den folgenden Worten: „In einem Erstgespräch werden Informationen zur Person, Ablauf und zu Fragen des Datenschutzes geklärt. Erste Ideen zu Veränderungswünschen können besprochen werden. Danach wird ein Termin für eine erste Aufnahme vereinbart" (Kröner 2017: 118). Überdies beginnt der VHT-Trainer häufig bereits beim ersten Kontakt damit, „Videoaufnahmen zu zeigen, auf denen die Interaktionsprinzipien vorhanden sind. So macht er direkt von Anfang an deutlich, wie er arbeitet: Er spricht nicht über die Aufnahmen an sich, sondern nimmt die Bilder zum Anlaß, um über die Interaktionsprinzipien zu sprechen" (Dekker 1994: 55). Die *Stiftung Jugendhilfe aktiv* weist in einem exemplarischen Video eines VHT-Prozesses in einer Familie zusätzlich darauf hin, dass das Erstgespräch auch zur Klärung des Auftrages und der Erarbeitung der Hilfefrage mit den Betroffenen dient (Stiftung Jugendhilfe aktiv 2019). Gemäß Gens stellt die Hilfefrage den Auftrag der Klient*innen an den VHT-Professional dar. Es sollen gemeinsam Antworten entwickelt werden. Im Übrigen wird der Begriff der „Hilfefrage" fast ausschließlich für die Arbeit mit Familien genutzt. Mit der Erweiterung der Methode auf andere Zielgruppen kam der Begriff der „Fragestellung" hinzu (Gens 2016b: 63). Letzterer ist auch für die vorliegende Arbeit relevant, da es ausschließlich um die Arbeit von Fachkräften in sozialen Einrichtungen geht. Beispiele für solche Fragestellungen könnten lauten: „Wie gelingt es mir als Fachkraft, in der Kommunikation mit Eltern Wertschätzung für das bisher Geleistete zu vermitteln? Eine tragende Beziehung herzustellen? Mich einzufühlen in die Lebenswelt des Elternteils?" (Rössel 2016: 90). Ob nun Hilfefrage oder Fragestellung, in jedem Fall ist es erforderlich, dass „sie ein handlungswirksames Ziel detailliert beschreibt, sie in positiver Sprache formuliert ist, sie die eigene Aktivität des Klienten enthält, sie sich an den bisherigen Lösungsversuchen des Klienten orientiert" (Gens 2016b: 63). Abbildung 3 verdeutlicht den Zusammenhang zwischen der Hilfefrage beziehungsweise der Fragestellung und dem Videoschnitt. Laut Gens bestimmt diese „den weiteren Prozess, auf sie wird bei jeder Rückschau wieder zugegriffen" (Gens 2016b: 65).

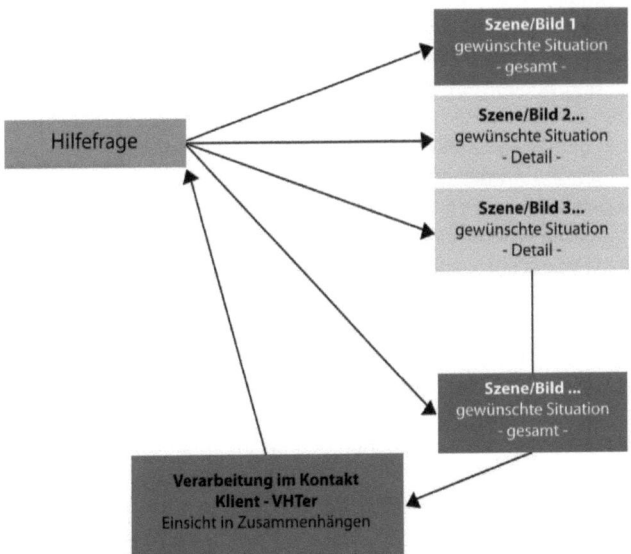

Abbildung 3: Zusammenhang zwischen Hilfefrage und Videoschnitt (Gens 2016: 65)

Im Anschluss daran folgt die Trainingsphase (Bund für Pädagogik, Psychologie und Systemik 2020). Diese setzt sich aus der Aufnahme einer Alltagssituation, der Analyse respektive Vorbereitung der Rückschau sowie der Rückschau und der gemeinsamen Reflexion zusammen (Stiftung Jugendhilfe aktiv 2019). Grundsätzlich wird eine Alltagssituation gefilmt, die die Dauer von zehn Minuten nicht überschreiten darf. Wichtig ist dabei, dass eine Situation gewählt wird, die für jede*n Teilnehmende*n „als positiv erlebt wird. Damit soll allen Beteiligten Sicherheit für in einer ungewohnten Situation (eine unbekannte Person filmt) gegeben werden" (Kröner 2017: 118), so Kröner. Die VHT-Fachkräfte filmen dabei lediglich die Situation und treten im Allgemeinen nicht mit den Personen vor der Kamera in Kontakt (Schepers und König 2000). Aus persönlichen Gesprächen mit dem bereits erwähnten VHT-Experten Udo Heimbürger ist allerdings deutlich geworden, dass eine sogenannte „Sprechende Kamera" in einigen Situationen für die Gefilmten von Vorteil sein kann. Hierbei geht es um die Interaktion des Filmenden mit den Kindern oder Erwachsenen vor der Kamera. Heimbürger sieht darin die Möglichkeit, auf Gesprächsanregungen und -aufforderungen durch die Gefilmten eingehen zu können und sich selbst als Teil der Situation und Aufnahme zu sehen. Es muss dabei jedoch angemerkt werden, dass diese Methode bei einigen VHT-Professionals nicht unumstritten ist. Vielen ist es wichtig, während des Filmens nicht mit den Betroffenen zu sprechen, um somit die Geschehnisse vor der Kamera nicht zu beeinflussen. Bei der Analyse der Videoaufnahmen achtet der VHTler auf gelungene Elemente und Interaktionsprinzipien wie die Körpersprache, den Sprachgebrauch, die Art und Weise des Umgangs mit den Kindern oder Klient*innen und die Handlungsweisen des Gefilmten. Dekker geht davon aus, dass eine erfahrene VHT-Fachkraft bereits während des Filmens weiß, welche Bilder und Sequenzen mit den Betroffenen besprochen werden sollen. Diese werden im Anschluss herausgearbeitet und zusammengeschnitten, um sich auf die gemeinsame Rückschau vorzubereiten. In dieser ungefähr 90-minütigen Reflexion werden die gezeigten Szenen und Bilder zusammen angesehen und nochmals analysiert. Die Betroffenen sollen dabei selbst und von sich aus auf mögliche Schlüsselmomente sowie effektive und wirkungsvolle Handlungen und Verhaltensweisen ihrerseits kommen. Dabei spielen die *Positiven Bilder*, die in Kapitel 2.3.7.1 näher ausgeführt werden, eine bedeutende Rolle, um die Ressourcen und Fähigkeiten, die die Gefilmten bereits haben, hervorzuheben und darzustellen (Dekker 1994: 56–57). Ferner stellt Kröner dar: „Aufnahme und Rückschau wechseln sich im wöchentlichen Rhythmus ab. Wie viele Aufnahmen mit Rückschauen es gibt, hängt vom Einzelfall bzw. vom Leistungsumfang ab. Das können drei bis zu zehn Aufnahmen sein" (Kröner 2017: 118).

Wurden die Ziele und Prinzipien der Betroffenen erreicht und konnte die Fragestellung beantwortet werden, kann das VHT nach Absprache mit dem VHT-Professional beendet werden. Im daraus resultierenden Abschlussgespräch werden die konkreten Ziele, die bis dahin erreicht wurden, anhand von einzelnen Bildern oder Sequenzen nochmals aufgezeigt. Oftmals erhalten die Familien oder Fachkräfte eine DVD der Aufnahmen (Meier und Neubacher 2008: 13). Der Bund für Pädagogik, Psychologie und Systemik in Bad Münder verweist abschließend noch auf eine sogenanntes Follow-Up, das nach dem Abschlussgespräch bis zu zwei Jahre lang jeweils in einem Abstand von drei Monaten stattfinden kann und als Nachsorge dienen soll (Bund für Pädagogik, Psychologie und Systemik 2020). Die durchschnittliche Dauer, mit der Familien oder Fachkräfte mit VHT begleitet werden, beträgt alles in allem zirka vier Monate. In der Regel wird dabei ein bis zwei Stunden in der Woche mit ihnen gearbeitet (Biemans 1994: 35).

Über die verschiedenen Weiterbildungsmöglichkeiten zum VHT-Professional informiert nun das anschließende Kapitel.

2.3.4 Weiterbildung zum VHT-Professional

Der Grund für die Notwendigkeit einer Fort- beziehungsweise Weiterbildung zum VHT-Professional liegt auf der Hand: „Die für die VHT […] so wesentliche Ressourcenorientierung bedarf einer kontinuierlichen angeleiteten Selbstreflexion, man verliert sonst die notwendige Haltung, die auf die Stärken der Klienten ausgerichtet ist" (Fischer 2008: 43). Hinzu kommt die Ergänzung und Unterstützung der fachlichen und berufsspezifischen Fähigkeiten der Teilnehmenden durch die Weiterbildung, sodass VHT später am Arbeitsplatz leicht Verwendung finden kann und somit die gesamte Einrichtung mit großer Wahrscheinlichkeit davon profitieren wird (Bünder, Sirringhaus-Bünder und Helfer 2015: 411). Daraus ergibt sich, dass die Weiterbildung zum VHT-Professional berufsbegleitend ist und sich gut mit dem eigenen Arbeitsbereich kombinieren lässt (Gens 2018b). Des Weiteren muss die Anleitung und ressourcenorientierte Kommunikation von und mit Familien oder Klient*innen zunächst erlernt werden, bevor sie Anwendung finden kann (Fischer 2008: 43), stellt der Psychologe Jens-Eckart Fischer fest.

Damit ist geklärt, warum eine Weiterbildung zum VHT-Professional sinnvoll ist, aber nicht, wie diese aussieht. Abbildung 4 veranschaulicht die einzelnen Module in einer Übersicht. Begonnen wird mit dem eintägigen Basiskurs (Modul 1). Hierbei erwerben die Teilnehmenden erste Kenntnisse in den Grundlagen von VHT und erfahren mögliche Anwendungsfelder. Daneben erproben sie sich bereits in der positiven Bildanalyse, indem Beispielvideos gemeinsam mit der Gruppe angeschaut und daraufhin analysiert werden (Gens 2018a: 136). Der Zertifizierungskurs zum VHT-Practitioner (Modul 2) baut auf dem Basiskurs auf und beinhaltet eine Mischung aus Theorie-Praxis-Seminaren und Ausbildungssupervisionen (EREV 2022). Nach Abschluss des Moduls sind die Teilnehmenden „in der Lage, Ressourcen und Lernpunkte bei ihren Klienten/innen zu identifizieren und zu präsentieren" (fobi:aktiv 2022).

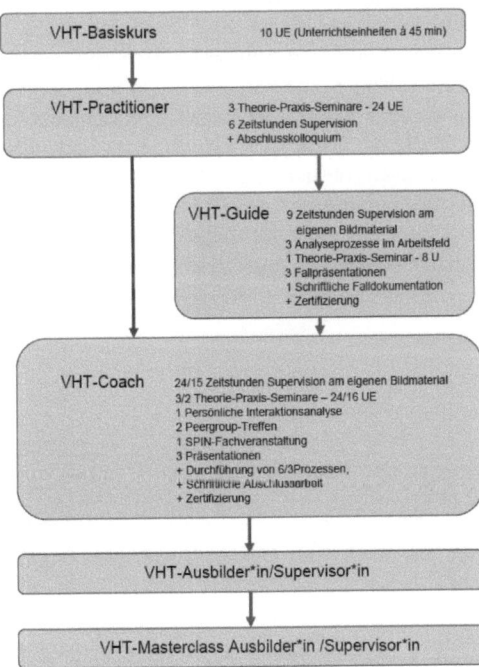

Abbildung 4: Übersicht über die Ausbildungsmodule (*SPIN* Deutschland 2021)

Im Anschluss daran bleibt es den Teilnehmenden selbst überlassen, ob sie direkt mit dem VHT-Coach (auch: VHT-Trainer*in) (Modul 2+) weitermachen oder zuvor den VHT-Guide (Modul 3) absolvieren und ersteres im Nachhinein anschließen. Vom Aufbau her ähneln die beiden Module dem zweiten Modul. Das heißt, Theorie und Praxis sind immer eng miteinander verknüpft. Mit zunehmend höherer Ausbildungsstufe wachsen allerdings die Praxisanteile, während die Theorie abnimmt (Gens 2018a). Der Unterschied zwischen den beiden zuletzt genannten Modulen besteht in deren Zielsetzung. Laut *SPIN SGVB e.V.* bietet der VHT-Guide „die Möglichkeit, die Kenntnisse aus den Modulen 1 und 2 zu vertiefen sowie die Methode selbstständig zur Interaktionsanalyse und für den fachlichen Austausch im eigenen Arbeitsfeld anzuwenden" (*SPIN* Deutschland 2021). Dagegen zielt der VHT-Coach auf die Beratungskompetenz zur Leitung, Steuerung und selbständigen Durchführung von Beratungsprozessen in unterschiedlichen Kontexten unter Anwendung von Videoaufnahmen, die Systemkompetenz, um Entwicklungsprozesse mit Hilfe der Basiskommunikation zu fördern und zu lenken, die persönlichen Kompetenzen zur Erweiterung von Empathie und Selbstreflexion" (*SPIN* Deutschland 2021) ab. Als Voraussetzung für die Teilnahme an den Modulen ab dem VHT-Guide nennt *SPIN DGVB e.V.* insbesondere eine abgeschlossene psychologische oder pädagogische Ausbildung sowie ein einschlägiges Praxisfeld, in dem der*die Teilnehmende derzeit tätig ist (*SPIN* Deutschland 2021). In der Regel beträgt die Dauer der Ausbildung zum VHT-Coach oder -Guide zirka „1 1/2 Jahre - kann aber auch länger oder kürzer sein - je nach Schwierigkeitsgrad der Familien, Anzahl der Familien. Der Ausbilder entscheidet, wann dieser Zeitpunkt erreicht ist" (Räder 1996b: 209). Am Ende der Module findet eine Prüfung statt, um festzustellen, ob die Aspirant*innen umfangreiche Kenntnisse und Fähigkeiten, die für die Arbeit als VHT-Professional nötig sind, erworben haben (Räder 1996b: 211). Die nachfolgende Abbildung fasst die genannten Ausbildungsschritte nochmals zusammen (siehe Abbildung 5).

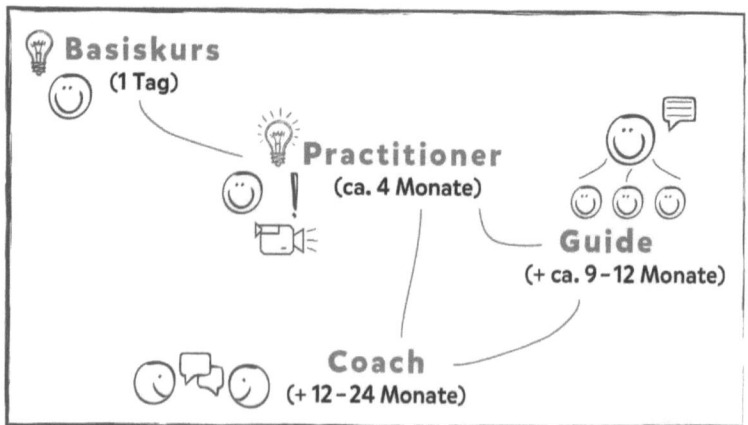

Abbildung 5: Ausbildung zum VHT-Coach oder -Guide (*SPIN* Deutschland 2021)

Seit 2017 wird darüber hinaus „der Kontaktstudiengang VHT-Video-Coaching nach *SPIN-DGVB e.V.* (DQR Level 7) in Kooperation mit der Evangelischen Hochschule Ludwigsburg in Baden-Württemberg angeboten" (DWRO-consult 2019). Dieser besteht folglich aus den drei Modulen: VHT-Practitioner inklusive Basiskurs, VHT-Guide und dem abschließenden VHT-Coach. Leider wird diese Zusatzqualifikation aufgrund der anhaltenden Corona-Pandemie nur noch sporadisch angeboten.

Darüber hinaus ist es möglich, wie Abbildung 4 bereits zeigt, sich zum*r VHT-Ausbilder*in/Supervisor*in weiterzubilden und daran anknüpfend die Ausbildung zum*r VHT-Masterclass Ausbilder*in/Supervisor*in zu machen. Erstere befähigt die Absolvent*innen dazu, qualifizierte Ausbildungen nach den jeweils aktuellen *SPIN*-Standards für die ersten drei Module anzubieten und durchzuführen. Letztere erfordert eine langjährige Erfahrung als VHT-Coach in unterschiedlichen Bereichen und erlaubt im Anschluss an die Zertifizierung die Teilnahme an den Masterclass-Treffen (*SPIN* Deutschland 2021).

Mittlerweile gibt es außerdem die aufbauende Weiterbildung von VHT-Trainer*innen zu VHT-Berater*innen. Hierüber schreibt Fischer: „Nach der dabei wiederkehrenden Ausbildungsphilosophie Guy Schepers: ‚Training on the job' werden die zukünftigen Berater in einer umfassenden zweijährigen Weiterbildung [...] unter Anleitung eines erfahrenen Ausbilders/Supervisors in den Bereich Coaching, Supervision, Personalführung und Teamleitung trainiert. Gleichzeitig werden sie direkt praxisbezogen als Berater des Teams von [...] VHT-Trainern tätig" (Fischer 2008: 43).

Das nächste Kapitel widmet sich den Anwendungsgebieten von VHT und unterteilt diese dabei in die wichtigsten und häufigsten Felder.

2.3.5 Anwendungsgebiete

Zu den relevantesten Arbeitsgebieten von VHT, die nachfolgend vorgestellt werden, zählen unter anderem Familien, Kindertageseinrichtungen, Schulen, die Kinder- und Jugendhilfe und der Einsatz für (angehende) Führungskräfte. Der Psychologe Klaus ter Horst nennt ferner weitere Aufgabenbereiche des VHT. Dazu gehört neben der Rückführung ins Elternhaus und die Elternkooperation im teilstationären Bereich auch die Hausaufgabenbetreuung, Praktikantenbildung, Managementausbildung, Mentorenfortbildung sowie der Einsatz von Videosequenzen in Hilfeplangesprächen (Horst 2009: 158). Darüber hinaus besteht die Möglichkeit des Einsatzes in Flüchtlingsheimen, Wohngruppen für Menschen mit oder ohne Behinderung, Elternkursen, Familiengruppen, Paarberatungsangeboten (Goltsche 2020: 23–24) und der Erwachsenenbildung sowie vielen weiteren Bereichen (Tiedemann 2020). Ebenso kann eine Anwendung im Arbeitsfeld der Frühförderung erfolgen, wie Elke Eilermann in ihrer Publikation eindrücklich schildert. Das Ziel der Heilpädagogin bestand bereits vor ihrer Entdeckung von VHT, „die Eltern darin zu unterstützen, ihr Kind anzunehmen und in seiner Entwicklung zu begleiten" (Eilermann 2009:

91). Mit VHT gelang ihr das nach eigener Aussage erstmals auch in schwierigen Fällen. Als noch unbekanntes Tätigkeitsfeld wird neuerdings sogar der Bereich der Pflege mit positiven Resultaten erschlossen (*SPIN* Deutschland 2021). In allen genannten sowie allen weiteren möglichen Einsatzfeldern von VHT gibt es weder eine Altersgrenze noch die Voraussetzung eines bestimmten Geschlechts, sozialer Schicht, Herkunft oder Hautfarbe. Jede*r darf teilnehmen und VHT ist offen für jegliche Probleme oder Schwierigkeiten, die sich im Familien- oder Berufsalltag ergeben (Hein 2020: 179).

2.3.5.1 Familien

Familien gehören wohl zu den bekanntesten Anwendungsbereichen der VHT-Methode. Doch obgleich sie für die Familie eingesetzt wird, stehen nicht die Kinder im Mittelpunkt, sondern die Eltern und deren Umgang mit ihrem Nachwuchs. Aufgrund dessen werden als Zielgruppe auch keine verhaltensauffälligen Kinder beschrieben, sondern Eltern mit Erziehungsschwierigkeiten. VHT orientiert sich dabei aber nichtsdestotrotz immer an den Ressourcen und Stärken der gesamten Familie (Vlasak und Lüssow 2010: 3) und findet vermehrt bei Familien mit Kindern statt, die Defizite in ihrer Entwicklung oder Verhaltensauffälligkeiten zeigen. Dies mag mitunter an möglichen Erziehungsfehlern oder anderweitigen Problemen im Verhalten der Eltern liegen. Doch ist dies nicht immer der Fall. Bei hyperaktiven Kindern beispielsweise können die Eltern häufig wenig dagegenwirken. In solchen Fällen geht es darum, zu lernen, das Kind so anzunehmen, wie es ist und seine oder ihre Fähigkeiten und Stärken kennenzulernen und zu stärken. Nur so kann ein harmonisches Familienleben stattfinden (Piesche 1994: 134–140). In ihrer Zertifizierungsarbeit zu VHT-Professionals sehen Ulrike Lüssow und Annette Vlasak das Ziel darin, „die Eltern in ihrer Eltern- und Erziehungsrolle und in ihren Handlungskompetenzen zu stärken" (Vlasak und Lüssow 2010: 3). Dabei spielt es keine Rolle, wie alt das oder die Kinder in der Familie sind. Vom Baby über das Kleinkind bis hin zum Jugendlichen kann VHT in der Familie erfolgreich eingesetzt werden (Vermeulen 1994: 142).

Die Website von *SPIN Deutschland* merkt an, dass VHT als mögliche Hilfe zur Erziehung beim Jugendamt beantragt werden kann. Dieses übernimmt in aller Regel dann auch die Kosten. Die Dauer eines VHT-Prozesses in einer Familie ist ungefähr auf sechs Monate angesetzt. In dieser Zeit kommt die VHT-Fachkraft etwa vier bis sechs Mal zur Aufnahme und anschließend zur Rückschau in die Familie. Gefilmt werden zehnminütige Situationen, die im Alltag stattfinden und von den Familienmitgliedern als positiv erlebt werden. Dies kann zum Beispiel beim Spielen, Basteln oder gemeinsamen Essen der Fall sein (*SPIN* Deutschland 2021).

2.3.5.2 Kindertageseinrichtungen

Wie oben bereits erwähnt, fand VHT anfangs nur in Familien Anwendung. Doch die Notwendigkeit, diese videobasierte Beratungsmethode auch in anderen Feldern einzusetzen, wurde sehr schnell deutlich. So kam es dazu, dass die Methode auch in „weiteren Gebieten der Sozialpädagogik eingesetzt und implementiert [wurde]. Ein weiteres Anwendungsfeld ist VHT in der Kindertagesstätte. Hier liegt der Schwerpunkt auf der Ressourcenanalyse und [darauf,] aus gelungenen Situationen zu lernen. Fachkräfte haben demnach die Möglichkeit, die Verhaltensmuster eines Kindes zu erkennen und zu verstehen" (Schnackerz 2021: 5). Auch in Kindertageseinrichtungen geht es vorwiegend um die Erneuerung sowohl der Sichtweise der Erwachsenen also der pädagogischen Fachkräfte auf die Kinder als auch deren Haltung gegenüber ebenjenen. Auf der Homepage von *SPIN-DGVB e.V.* wird dies deutlich: „Die Bild- und Interaktionsanalyse ermöglicht es, die Verhaltensmuster der Kinder in ihrem Kontext zu erkennen, zu verstehen und diese Muster abzubilden. Gleichzeitig werden Ansätze sichtbar, wie die erziehenden Erwachsenen die Kinder darin unterstützen können, herausfordernde Situationen zu meistern. Dabei orientiert sich die Analyse an den Mustern gelungener Kommunikation, der Bindungstheorie, der Verstehenden Haltung und den Erkenntnissen der Traumapädagogik. Da sich Verhaltensmuster innerhalb von wenigen Sekunden darstellen, reicht eine Videoaufnahme von 10 bzw. 5 x 2 Minuten aus, um den Weg zum Ziel zu zeigen. In Folgeaufnahmen wird die Annäherung an das Ziel sichtbar, was zur Weiterarbeit motiviert." (*SPIN* Deutschland 2021). Die Juristin für Frühpädagogik Eva Reichert-Garschhammer und die Sprachheilpädagogin Christa Kieferle weisen in diesem Zusammenhang jedoch daraufhin, dass es sich hierbei um VIB statt VHT handelt (Reichert-Garschhammer und Kieferle 2011). Dem stimmen Gloger-Wendland und Reekers zu. Sie fügen hinzu: „Pädagogische Fachkräfte in Kindertageseinrichtungen nutzen die Video-Interaktions-Begleitung (VIB) als ressourcenorientiertes Kommunikationstraining zur Reflexion der eigenen Arbeit. VIB dient dem Erkennen, der Verstärkung und Erweiterung der eigenen kom-munikativen und interaktiven Kompetenzen im Kontakt zu Kindern, Eltern, KollegInnen, anderen Fachdisziplinen, etc." (Gloger-Wendland und Reekers 2014: 6). In einer ähnlich betitelten Veröffentlichung führen sie außerdem aus, dass diese Methode insbesondere „BerufsanwärterInnen oder PraktikantInnen [zugutekommen kann]. [...] Die wertschätzende Haltung des Kommunikationstrainings stärkt fachliche Kompetenzen und bietet als Folge einen Gewinn an Sicherheit im Arbeitsalltag. [...] Der Fokus der Inhalte kann hierbei sein: Erweiterung der persönlichen Haltung durch wohlwollende Wertschätzung, Ergebnisorientierte Überprüfung konzeptioneller Standards, Entwicklung bestmöglicher Beziehungsgestaltungen" (Gloger-Wendland und Reekers 2018: 19–21). Daneben befasst sich Reekers in ihrem eigenen Werk ebenfalls mit dem Einsatz von VHT beziehungsweise VID, wie sie es hier nennt, in Kindertageseinrichtungen. Dabei geht sie aber nicht nur auf die damit verbundene Weiterentwicklung der Fachkräfte ein, sondern richtet ihre Aufmerksamkeit auf die Qualitätssicherung, die mit der Nutzung von VHT effektiv gestaltet werden kann, und das professionelle Handeln der Fachkräfte, das damit einhergeht (Reekers 2009: 52).

2.3.5.3 Schulen

Ähnlich wie in Kindertageseinrichtungen kann VHT beziehungsweise vormals VST auch in Schulen angewandt werden. Hierbei können sich nicht nur Lehrkräfte filmen lassen, sondern auch Mitarbeiter*innen an der Schule. Als Beispiel können Schulsozialarbeiter*innen herangezogen werden. Es können Gespräche, Spiel- oder Hausaufgabensituationen mit dem Kind gefilmt werden. Findet die Methode allerdings doch im Unterricht statt und stehen Lehrkräfte mit ihren Schüler*innen vor der Kamera, werden im Normalfall Videoaufnahmen realer Situationen aus dem Unterricht eingefangen und ausgewertet (*SPIN* Deutschland 2021). Darüber hinaus kann gesagt werden, dass „mit VHT […] im schulischen Feld 4 Dimensionen erfasst und auf die kindlichen Grundbedürfnisse Beziehung, Kompetenz und Autonomie abgestimmt [werden] (adaptiert): Basiskommunikation/Beziehung, Instruktionsverhalten, Struktur und Situationsmanagement in der Klasse, entwicklungsangepasste Didaktik/Methodik. Dies wird ‚adaptiver Unterricht' genannt. VHT hilft der Lehrkraft dabei zu überprüfen, wie die für den Lernprozess notwendigen Instruktionen an die Schüler*innen gegeben wurden, ob sie verstanden und umgesetzt werden. Anhand der Bilder sehen sie, was gut wirkt und was sie noch verändern können. Effektive Lehrkräfte verfügen über verbale und nonverbale Verhaltensmuster, die auf Aufmerksamkeitsmustern, großen sichtbaren Gebärden, konkreten altersangemessenen Aussagen, Wertschätzung und Orientierung basieren" (*SPIN* Deutschland 2021). Alles Weitere gleicht den Aspekten, die im vorherigen Abschnitt über den Einsatz in Kindertageseinrichtungen bereits skizziert wurden.

2.3.5.4 Kinder- und Jugendhilfe

Ein weiteres Arbeitsfeld, in dem VHT verwendet werden kann, ist die Kinder- und Jugendhilfe, die im achten Sozialgesetzbuch, dem Kinder- und Jugendhilfegesetz geregelt ist. Die darin beschriebenen Hilfen zur Erziehung (HzE) unterteilen sich wiederum in stationäre Hilfen (§§ 33-35 SGB VIII), bei denen die Kinder stationär betreut werden, wie dies beispielsweise in Wohngruppen nach § 34 SGB VIII der Fall ist, und ambulante Hilfen (§§ 28-31 SGB VIII). Letztere zielen auf die Unterstützung der Familien ab, indem die Kinder weiterhin zuhause wohnen bleiben. Als Beispiel für die ambulante Hilfe kann die sozialpädagogische Familienhilfe nach § 31 SGB VIII dienen, die direkt in die Familie kommt, um diese zu unterstützen. Auf beide soll nun im Folgenden näher eingegangen werden. Daneben existieren noch die teilstationären Hilfen. Dazu gehört allerdings lediglich die Tagesgruppe nach § 32 SGB VIII, sodass diese Form in dieser Arbeit zunächst außer Acht gelassen wird.

2.3.5.4.1 Stationäre Hilfen

Der Einsatz von VHT beziehungsweise VIB in den stationären Hilfen ähnelt dem in anderen sozialen Einrichtungen wie Kindertagesstätten oder Schulen. Dennoch gibt es einen entscheidenden Unterschied: In der stationären Kinder- und Jugendhilfe leben Kinder und Jugendliche dauerhaft oftmals über mehrere Jahre von ihren Eltern, Freund*innen oder anderen Bezugspersonen getrennt. Dies führt nicht selten zu Trauer, Rückzug, Wut oder Aggression bei den betroffenen Minderjährigen. Im Umkehrschluss müssen die Fachkräfte noch sensibler auf diese Kinder und Jugendlichen eingehen und lernen, mit schnellen und gravierenden Stimmungsschwankungen umzugehen. Genau hier muss die VHT-Methode ansetzen (Bünder, Sirringhaus-Bünder und Helfer 2015: 320). In einem heilpädagogischen Heim in Amsterdam wird VIB bereits seit einigen Jahrzehnten erfolgreich eingesetzt. Aus den Schilderungen der Autor*innen Tinus Dekker, Wim Scholte und Hans Mullen lässt sich ein hohes Potential für Heim- oder Wohngruppen herauslesen: „Die Interaktionsanalyse findet anhand von Videoaufnahmen der Interaktionen in der Heim-/Wohngruppe und im Team statt, wodurch man sich gemeinsam auf dieselbe Situation konzentriert. Das verhindert, daß man sich über das Erleben austauscht, man lenkt die Aufmerksamkeit der Mitarbeiter auf das Hier und Jetzt der Situation. Die Interaktionsanalyse wird anhand einiger feststehender Kriterien durchgeführt, wodurch der Sog, sich in die Probleme zu vertiefen, vermindert wird. Dies hängt auch mit der Tatsache zusammen, daß sich das Arbeiten mit den Interaktionsprinzipien auf die vorhandenen positiven Aspekte der Interaktion konzentriert" (Dekker, Scholte und Mullens 1994: 152). Goltsche verdeutlicht in ihrer Arbeit ebenfalls die Vorteile sowie den Nutzen der VHT-Beratung in der Kinder- und Jugendhilfe, in dem sie schreibt: „Sie lässt durch das gemeinsame Betrachten von kurzen Videoaufnahmen von alltäglichen Erziehungssituationen gelungenes Verhalten sichtbar werden, sodass dies modellhaft zur Wiederholung als Ressource genutzt werden kann. Durch die so geschaffene »zweite Chance« erlernen die Erziehungspersonen passendes Antwortverhalten auf die Initiative von Kindern und Jugendlichen" (Goltsche 2020: 23).
Hartmut Schuck vom Kreisjugendamt Heinsberg trennt hier klar zwischen VHT und VIB. Gemäß ihm „fand das VHT im Heimbereich in der angewandelten Form der Video-Interaktionsbegleitung (VIB) zur Begleitung des Erziehungsprozesses Anwendung. Hierbei wird die Kommunikation zwischen dem Kind und der sozialpädagogischen Fachkraft auf Video aufgezeichnet und analysiert, während es beim VHT vorrangig um die Beziehung zwischen Eltern und Kind geht" (Schuck 1996: 261). Dem pflichtet Alfons Halm vom Kinder- und Jugendheim St. Josef in Kempen bei. Für ihn bedeutet VHT immer „zu

Hause/Home", während es bei VIB um die Unterstützung und Beratung von professionellen Fachkräften wie Erzieher*innen, Lehrer*innen oder Sozialpädagog*innen geht (Halm 1996: 285). Doch Felizitas Balzer, VHT-Coach und Masterstudentin der Sozialen Arbeit betont, dass es auch in der stationären Kinder- und Jugendhilfe nicht nur auf die mitarbeitenden Fachkräfte ankommt. Sie schlägt daher vor, VHT auch mit den Eltern der Kinder, die beispielsweise in einer Wohngruppe untergebracht sind, durchzuführen. So könne eventuell an den Erziehungskompetenzen gearbeitet und eine Rückkehr in die Herkunftsfamilie ermöglicht werden (Balzer 2021). *SPIN-DGVB e.V.* ermutigt hier sogar mit Kindern an Videoaufnahmen zu arbeiten, denn „Kinder lernen sehr gut am Modell. Wenn sie sich selbst in gelungenen Situationen sehen, übernehmen sie auf Grund der positiven Erfahrung sehr schnell das abgebildete Verhalten. Man nennt das mit Bezug auf DOWRICK (1983) ‚Video Self Modeling (VSM)'. Hinzukommt, dass die Rückschausituation für das Kind eine emotional befriedigende Erfahrung ist, da ihm in diesem Moment exklusiv eine freundlich zugewandte Beziehung und wohlwollende Unterstützung entgegengebracht wird" (*SPIN* Deutschland 2021).

2.3.5.4.2 Ambulante Hilfen

Mit der Anwendung von VHT in der ambulanten Kinder- und Jugendhilfe wird erneut das ursprüngliche Anwendungsgebiet beschrieben. „In der Arbeit mit Familien kann es als Einzelmaßnahme, als Teilprozess einer SPFH oder integrierter Hilfen und im Clearing eingesetzt werden" (*SPIN* Deutschland 2021), heißt es auf der Website von *SPIN* Deutschland. Weiter plädiert *SPIN* für die Nutzung von VHT in bildungsfernen Familien, „da sie ihnen komplexe Zusammenhänge auf einfache Art und Weise verdeutlichen. Auch Familien, die des Deutschen nicht so mächtig sind, können – ggfs. mit Hilfe eines Dolmetschers – über die Bilder besser erreicht werden als über Gespräche" (*SPIN* Deutschland 2021). VHT kann in den ambulanten Hilfen der Kinder- und Jugendhilfe als Ergänzung zu weiteren Methoden oder Angeboten in die Arbeit mitaufgenommen werden (Schuck 1996: 260). Durch den Einsatz einer videobasierten Beratungsmethode können „Eltern der Beraterin [, Familienhilfe oder Beistand] zeigen, was zwischen ihnen und dem Kind »los ist«. Sie können sich selbst bei ihrem eigenen Tun beobachten und - besonders, wenn mehrere Filme entstehen - alternative, günstigere Verhaltensweisen entwickeln" (Bünder, Sirringhaus-Bünder und Helfer 2015: 269). Insbesondere bei der Erziehungsberatung nach § 28 SGB VIII kann das von Vorteil sein, denn die „Eltern treten, wenn sie die Beratungsstelle aufsuchen, schließlich aus ihrem Alltag heraus und begeben sich auf die abstraktere Ebene des Gesprächs. Durch Filme aus ihrem Alltag haben sie jedoch die Möglichkeit, diesen in die Beratung sehr konkret und anschaulich wieder hineinzunehmen" (Bünder, Sirringhaus-Bünder und Helfer 2015: 269).

Schuck bedauert indessen, dass sich im Maßnahmenkatalog der Hilfen zur Erziehung (HzE) (§§ 27-35 SGB VIII) die VHT-Methodik nicht finden lässt. Diese Liste sei nicht vollständig, da es einige mehr familienergänzende Hilfen gibt als die dort genannten (Schuck 1996: 260).

2.3.5.5 Führungskräfte

Auch Führungskräfte können von den Wirkungen und Erfolgen der VHT-Beratungsmethode profitieren. Erstens kann das eigene Führungsverhalten verbessert und ein eigener Führungsstil entwickelt werden. Zweitens können mithilfe von *Positiven Bildern* Konflikte erfolgsversprechender bearbeitet werden und drittens kann letztlich die gesamte Einrichtung neu aufgestellt und weiterentwickelt werden (*SPIN* Deutschland 2021). Darüber hinaus stellen Gloger-Wendland und Reekers fest, dass für Leitungskräfte mit VHT die Möglichkeit besteht, „eigene Anliegen/Fragestellungen durch externe Beratung ressourcenorientiert in den Fokus zu nehmen" (Gloger-Wendland und Reekers 2018: 19). Fragestellungen könnten beispielsweise lauten: Wie baue ich meine eigene Führungspersönlichkeit auf? Inwiefern kann ich die gelungenen Kommunikationsmuster im professionellen Kontakt etablieren? Und wie strukturiere ich pädagogische Teamsituationen (*SPIN* Deutschland 2021)? Ausgangspunkt ist dabei zumeist die *Basiskommunikation*, auf die in einem späteren Kapitel noch eingegangen wird: „Als Führungskraft erkennen Sie mit VHT, mit welchen Basiskommunikationselementen Sie die Abstimmungsprozesse im Team etablieren und stabilisieren, wann und wie Sie Themen einbringen und wie Sie sie so erarbeiten, dass alle Mitarbeiter*innen motiviert auf das Ergebnis hin zusammenarbeiten" (*SPIN* Deutschland 2021). Üblicherweise steht die Führungskraft mit einem oder mehreren Teammitgliedern vor der Kamera. Es kann sich dabei um ein Personalgespräch oder eine Teamsitzung handeln. Die Hauptsache ist, dass die Führungskraft in irgendeiner Weise mit den Mitarbeitenden interagiert. Diese Interaktion wird wie bei allen anderen VHT-Prozessen aufgezeichnet und im Nachgang mit einem VHT-Coach reflektiert, um die Stärken und Ressourcen der Führungskraft, die sich in der Situation ergaben, ausfindig zu machen und damit arbeiten zu können (*SPIN* Deutschland 2021).

Mögliche Wirkungen und Erfolge von VHT wurden in einigen vorangegangen Kapiteln bereits genannt, sodass im Folgenden eine Zusammenfassung der wesentlichen Punkte erfolgen soll.

2.3.6 Wirkungen und Erfolge

Auf die Wirkungen und Erfolge der VHT-Methode sind die Anwender*innen, Nutzer*innen und Verbreiter*innen sehr stolz, denn diese bestätigen die Sinnhaftigkeit und den Zweck ebendieser und unterstützen dabei die Hilfesuchenden ungemein in der Erziehung, Kommunikation und Interaktion. Zunächst ganz allgemein gehalten stellt Dekker fest: „Ein erfolgreiches Video-Home-Training hat großen und nachhaltigen Effekt auf die Kontakte und das Funktionieren sowohl einer Familie als ganzer als auch der einzelnen Familienmitglieder. Die Kontakte untereinander sind besser geworden und man stimmt sich mehr aufeinander ab. Dadurch, daß mehr gesprochen wird, wissen die Familienmitglieder besser voneinander, was sie in bestimmten Situationen denken und was sie bewegt. Man kann wieder Spaß miteinander haben und sich wohl fühlen" (Dekker 1994: 60). Diese Gesichtspunkte lassen sich gleichzeitig auch auf VIB beziehungsweise VID also den Einsatz von VHT in sozialen Einrichtungen mit Fachkräften übertragen.

Kröner nennt in ihrer Publikation überdies zwei zentrale Wirkungen von VHT: Zum einen fördert die Methode die Wahrnehmung der eigenen Fähigkeiten sowie das Bewusstmachen der Wirksamkeit des eigenen Erziehungsverhaltens. Zum anderen schult VHT die Wahrnehmung für das Kind oder die Kinder (Kröner 2017: 118). Ein weiterer relevanter Punkt ist die Förderung der Selbstwirksamkeit, die in vielen Publikationen zum Thema genannt wird. Hierüber schreibt die Sozialpädagogin und VHT-Trainern Andrea Breier: „Der Einsatz von VHT ermöglicht es mir, den Eltern bereits nach der ersten Aufnahme, auch durch den Einsatz von Coaching, gelungene Momente zu zeigen und sogenannte Zielbilder zu entwickeln. Diese gelungenen Bilder zeigen den Eltern, dass es bereits in dieser für sie scheinbar ausweglosen Situation Momente gibt, in denen die Familie Freude miteinander hat und die Eltern in der Lage sind, für geglückte Kommunikation zu sorgen. [...] Auf diese Weise ist der Einsatz von VHT eine ideale Methode zur Motivation und Stärkung des Selbstwertgefühls sowie des Glaubens an sich und die eigenen Fähigkeiten. Die Eltern können sich wieder als selbstwirksam erleben [...]" (Breier 2016: 19). Auch die Sozialpädagogin und VHT-Trainerin Angelika Freigang greift die Stärkung des Selbstwirksamkeitsgefühls in ihrer Zertifizierungsarbeit auf. Sie betont dabei explizit die Umkehr von negativen Selbstwirksamkeitserwartungen an sich selbst und begründet das mit dem Lenken der Aufmerksamkeit auf die Stärken, Fähigkeiten und Ressourcen der Beteiligten (Freigang 2017: 13). Letzteres kann auch als Ressourcenaktivierung bezeichnet werden. Dabei geht es um die Suche und Aktivierung bereits vorhandener Ressourcen (Hawellek 1997: 132). Hinzu kommt die Schulung der Aufmerksamkeit für die kleineren Details in bestimmten Situationen aber auch des eigenen Verhaltens (Heimbürger 1994a: 168). Des Weiteren besteht der Schwerpunkt aller Videointeraktionsanalysen gemäß dem Marte Meo-Supervisor, Kinder- und Jugendpsychotherapeuten sowie Erziehungs-, Ehe- und Familienberater Christian Hawellek in der aktiven Hilfe zur Problembewältigung (Hawellek 1997: 132). So möchte auch VHT an der Lösung von entstandenen Problemen innerhalb der Familien oder sozialen Institutionen arbeiten, setzt hierbei aber immer an den positiven Erlebnissen und Fähigkeiten an. Darüber hinaus stärkt VHT „die Erziehungs-, Kommunikations- und Interaktionskompetenz. Sie verhilft zu eigenen konstruktiven Lösungswegen und durch das Beherrschen der Basiskommunikation zu einem angenehmen Umgang miteinander. Lösungen und Erfolge werden in kurzer Zeit sichtbar – ohne viele Worte" (*SPIN* Deutschland 2021).

Ein Zeitungsartikel aus dem Jahre 1993 über die damals „neue Video-Methode aus den Niederlanden" macht deutlich: „Lob motiviert zu richtigem Verhalten" (Beckmann-Peters 02.02.1993). Die lobende Haltung gegenüber den Gefilmten scheint also eine entscheidende Rolle für die Erfolge zu spielen. Erfolgserlebnisse und Wirkungserfahrungen sind sehr wichtig für die erfolgreiche Anwendung nicht nur von VHT, sondern ebenso von allen anderen Hilfen und Maßnahmen zur Unterstützung und Förderung der Erziehung und Kommunikation. In dieser Arbeit wird in einem späteren Teil überprüft, ob und in welchem Maße einer der vier nachfolgend beschriebenen Wirkfaktoren der VHT-Methode die eben genannten Ergebnisse tatsächlich auch bei Berufsanfänger*innen in sozialen Einrichtungen erzielen kann.

2.3.7 Säulen und Wirkfaktoren

VHT beruht auf vier Säulen, die zugleich die Wirkfaktoren der Methode darstellen. Die Wirkfaktoren sind maßgeblich für das Erreichen der Erfolge und Wirkungen und sind somit ein essentieller Bestandteil von VHT (Kröner 2017: 116).

2.3.7.1 *Positive Bilder*

Ein Wirkfaktor von VHT sind die *Positiven Bilder*. Das ist zweifelsfrei keine neue Erkenntnis, wenn bedacht wird, dass Videobilder den gemeinsamen Bezugspunkt in der Rückschau und Analyse bilden (Kreuzer 2007: 36). Aus diesem Grund stützt sich diese Arbeit auch im weiteren Verlauf ausnahmslos auf den Wirkfaktor der *Positiven Bilder* und möchte diesen im Forschungsteil hinsichtlich seiner Wirkungen bei Berufseinsteiger*innen im sozialen Bereich näher beleuchten und untersuchen. Das Medium Bild führt immer zu einer Veranschaulichung von festgehaltenen Momenten und hilft dabei, diese verstehbar zu machen (Vlasak und Lüssow 2010: 3). Über den Zweck und Nutzen von Bildern im Allgemeinen schreibt Gens: „Bilder – sowohl stehende als auch bewegte Bilder – sind komplexe und ganzheitliche Informationsträger, die in der Beratung vielfältig einsetzbar sind. Sie »frieren« eine Situation ein und halten sie gesprächsfähig, sie können aus verschiedenen Blickwinkeln analysiert werden, sie machen kleinste Details sichtbar, auf die in der Echtsituation nicht geachtet wurde, und sie ermöglichen es, aus einer Metaposition heraus auf das Geschehen zu schauen und es neu zu verstehen" (Gens 2020a: 10). Church ergänzt dieses Zitat mit der Formulierung: „Die Macht der Bilder" (Stiftung Jugendhilfe aktiv 2019), was in diesem Fall sehr zutreffend zu sein scheint. Entsprechend benennen die Video-Home-Trainerin, Psychologin und Masterclass Ausbilderin Marita Brümmer und der Psychologe Klaus ter Horst einige Erfolge, die sich mithilfe der *Positiven Bildern* verankern konnten. Dazu gehört zum Beispiel, dass sich Erkenntnisse über Bilder viel besser einprägen lassen. Zudem ermöglichen Bilder eine Überprüfung und Richtigstellung der eigenen Wahrnehmung. Geschehnisse, die normalerweise untergehen, werden außerdem deutlicher und die *Positiven Bilder* lösen bei den Beteiligten Emotionen aus. Dies bildet die Basis für ein ressourcenorientiertes Gespräch über die Situation (Brümmer und Horst 2009: 149). Sich selbst in positiven Standbildern oder bewegten Bildern zu sehen, kann demzufolge ermutigend und motivierend wirken (Schäfer 2017: 89).

Hinzu kommt, dass es bei der Arbeit mit Bildern „keine Informationsverluste durch Erzählungen und Interpretationen gibt. Anhand des Videobildes wird das Kommunikationsverhalten im Hier und Jetzt analysiert. Videoaufnahmen bieten die Möglichkeit Interaktionen in kleinste Teile zu zerlegen. Mit Hilfe dieser kleinsten Kommunikationselemente lässt sich gelungene Kommunikation beschreiben und erlernen" (Brümmer und Horst 2009: 148). Auf die Kommunikationsprinzipien wird in einem späteren Teil noch eingegangen.

2.3.7.2 *Aktivierungsprinzip*

Die VHT-Beratungsmethode arbeitet zudem immer mit positiver Verstärkung und Aktivierung. Dies hat weithin einen nachhaltigeren Lernprozess zur Folge (Vlasak und Lüssow 2010: 3). Jenes sogenannte *Aktivierungsprinzip* wird aus der Empowerment-Theorie abgeleitet. Empowerment bedeutet laut dem Professor für Soziologie der Sozialen Arbeit Norbert Herriger „Selbstbefähigung und Selbstermächtigung, Stärkung von Eigenmacht, Autonomie und Selbstverfügung" (Herriger 2020: 20). Bezogen auf VHT geht es hierbei also um die „Ermutigung, die eigenen Angelegenheiten selbst in die Hand zu nehmen, und die Entwicklung eigener Fähigkeiten und Kräfte zur Durchsetzung einer selbstbestimmten Lebensführung" (Rössel 2016: 87). Indem dement-sprechend die Fähigkeit erlangt wird, die eigenen Stärken und Ressourcen zu nutzen und sie in einen positiven Einfluss auf die Struktur des eigenen Lebens zu projizieren, hat eine Person die Kontrolle über ihr Leben und ist in der Lage, Probleme zu überwinden (Schnackerz 2021: 9).

Gens erörtert das *Aktivierungsprinzip* in der Anwendung der VHT-Methode und zeigt dabei, dass Eltern, Fachkräfte und Mitarbeitende „in der Rückschau vom VHT-Coach mit aktivierenden Fragen so durch die Bilder begleitet [werden], dass sie selbstständig ihren Lösungsweg entdecken. Der *VHT*-Coach lässt die Verantwortung für die gewünschte Veränderung bei dem Klienten und der Klientin. Sein Vorgehen respektiert deren Entscheidungen und Wünsche und orientiert sich an der erarbeiteten Fragestellung. Es wird nach dem Grundsatz »Aktivieren statt Kompensieren« gearbeitet. Durch die Orientierung an den vorhandenen Fähigkeiten und möglichen Lösungen werden sie aktiviert, ihre Entwicklung selbst in die Hand zu nehmen [...]" (Gens 2020a: 14). Der Aktivierungsprozess findet demnach auf der einen Seite durch den VHT-Coach statt, kann aber auf der anderen Seite auch durch sich selbst stattfinden. Diese Selbstaktivierung wird durch das Anschauen der *Positiven Bilder* und Ausschnitte erlebbar gemacht und ist auf eine Steigerung der Selbstwirksamkeit zurückzuführen (Kreuzer 2007: 40).

2.3.7.3 *Gelungene Kommunikation ('Basiskommunikation')*

In Theorie und Praxis videobasierter Beratungsmethoden ist Kommunikation viel mehr als nur das Führen von Gesprächen. Kommunikation bedeutet ein komplexes Zusammenspiel zwischen Sehen und Hören, Körperempfindungen wie Entspannung und Ausdruckformen, die wiederum in sprachliche (z. B. Stimme) und nicht sprachliche (z. B. Gestik) Ausdrucksformen gegliedert sind (Bünder, Sirringhaus-Bünder und Helfer 2015: 65). Diesem Zusammenspiel widmet VHT eine weitere Säule. In der führenden Fachliteratur wird ebenjenes als *Gelungene Kommunikation* oder *Basiskommunikation* betitelt. „Dieses Modell beschreibt die Elemente gelungener, das heißt die positive Entwicklung fördernde, Kommunikation. Basiskommunikation ermöglicht einen Austausch der Beteiligten und unterstützt die Entfaltung eines gemeinsamen Verständnisses" (Koch 2009: 119). Ergänzend stellt Gens zu diesem Wirkfaktor fest: „Als Kriterium für gelungene Situationen werden die universalen Elemente der Kommunikation und Interaktion, die sogenannte Basiskommunikation herangezogen. Sie ist bereits ab der Geburt in der frühen Mutter-Kind-Kommunikation zu beobachten. Kinder ergreifen stets positive Initiativen, um mit den Bezugspersonen in Kontakt zu kommen. Eltern haben darauf ein Antwortverhalten, die Responsivität. Eltern und Kinder kommen so in einen wechselseitigen Austausch, der die Bindung festigt und die Entwicklung des Kindes fördert" (Gens 2020a: 11). Das passt letztlich zu der Annahme von VHT, dass Eltern und Kinder bereits mit der Geburt einen positiven Kontakt zueinander aufbauen wollen. Dies kann und wird in der Regel mit dem entsprechendem Verhalten insbesondere der Eltern auf die Initiativen der Kinder gefördert (Kröner 2017: 116).

An dieser Stelle kann erneut auf die Forschungsarbeiten des Humanethnologen Colwyn Trevarthan verwiesen werden. Dieser untersuchte seinerzeit die Kommunikation zwischen Mutter und Säugling und operationalisierte anschließend das, was sich als Muster erkennen ließ. Hieraus entstanden die sogenannten Muster der gelungenen Kommunikation (Koch 2009: 119). Church hat diese benannt als *Basiskommunikationsprinzipien* in Abbildung 6 tabellarisch dargestellt.

Basiskommunikationsprinzipien
Regeln gelungener Kommunikation

Beziehung	Struktur und Inhalt
Sich Einstimmen, den Initiativen folgen	**Für eine Verteilung der Aufmerksamkeit sorgen**
- aufmerksam sein - zuwenden, anschauen - freundlicher Gesichtsausdruck - freundlicher Tonfall - entspannte Körperhaltung	- in die Runde schauen - den Kreis einbeziehen - jeden an die Reihe kommen lassen - Verantwortung für die Reihenfolge tragen
Initiativen empfangen	**Interaktion lenken und leiten**
- kopfnicken - „ja" oder „aha", „hmm" sagen - kurz wiederholen, was gerade gesagt wurde - mitmachen	- auf Strukturen und Regeln achten - Rituale im Alltag einführen - Anregung geben - gemeinsames Handeln anleiten - gemeinsam, im Wechsel handeln
Interaktion zustimmend benennen	- verhandeln und Absprachen treffen - zur Meinungsbildung anregen
- über das sprechen, was um das Kind herum passiert, was man beim anderen sieht oder dabei empfindet - benennen, was einen selbst bewegt und was man fühlt, so dass der andere folgen kann	- Rückmeldungen, Anweisungen, Informationen geben - alternatives/erwünschtes Verhalten zeigen - das Tun des Anderen positiv bestärken, loben

Stephen Church, Stiftung Jugendhilfe aktiv

Abbildung 6: Muster der gelungenen Kommunikation nach Stephen Church (Church 2015: 23–25)

Horst hatte diese Prinzipien bereits 1997 in einer etwas ausführlicheren Version skizziert und diese damit von Biemans aus dem Jahre 1990 übernommen (siehe Abbildung 7). Übersetzt wurde diese Abbildung von Gens. Die Tabelle wird in Altersklassen unterteilt und zu jedem möglichen Muster konkrete Ausprägungen benannt.

Merkmale gelungener Interaktion und Lenkung

BÜNDEL	MUSTER	ELEMENTE
1. Initiative und Empfang (0-6 Jahre)	aufmerksam sein	anschauen zuwenden freundlicher Gesichtsausdruck freundlicher Tonfall freundliche Körperhaltung
	sich einstimmen	dem Kind folgen Kopfnicken „Ja" sagen zustimmend benennen mitmachen
2. Austausch in der Runde (6 Jahre +)	Kreis bilden	in die Runde schauen in den Kreis einbeziehen Empfang bestätigen
	an die Reihe kommen lassen	du bist dran, ich bin dran, jeder ist gleichermaßen dran
	kooperieren	zusammen handeln einander helfen
3. Gemeinsam beraten (12 Jahre +)	Meinungsbildung	Meinung - äußern - annehmen - austauschen - untersuchen
	Inhalte	Themen - vorschlagen - ausarbeiten - verändern
	Beschlüsse fassen	Absprachen - vorschlagen - vereinbaren - verändern
4. Mit Konflikten umgehen (16 Jahre +)	Gegensätze benennen	Absichten untersuchen
	Kontakt wiederherstellen	Zurückführen zu 1-2-3
	verhandeln	Standpunkte feststellen Regeln vereinbaren

Abbildung 7: Muster der gelungenen Kommunikation nach Harrie Biemans (Biemans 1990)

Gens übernahm die Gedanken Biomans zudem in das sogenannte „Video-Kontakt-Schema". Sie erläutert dieses Schema und dessen Hintergrund in folgendem Zitat genauer: „Das Video-Kontakt-Schema ist in 3 Niveaus gegliedert: Bündel, Muster und Elemente. Es werden nur gelungene Interaktionen beschrieben und es werden das Entwicklungsniveau der Kinder und ihre Kommunikationsmöglichkeiten in den verschiedenen Altersstufen berücksichtigt (deshalb die Altersangaben in den einzelnen Bündeln). Elemente sind kleinste Kommunikationseinheiten, die von Moment zu Moment sichtbar und wirksam werden. Muster sind größere Einheiten der Kommunikation. Sie sind in Aufnahmen von 5-10 Minuten zu erkennen. Mehrere Muster zusammen bilden ein Entwicklungsstadium in der Kommunikation, das im Schema als Bündel wiedergegeben ist. Alle Bündel bauen aufeinander auf" (Gens 2016a: 44). So gesehen sind die *Basiskommunikationsprinzipien* ein hilfreiches Instrument für die VHT-Trainer*innen, um mit den Eltern oder Fachkräften in der Rückschau über deren eigene Interaktion und Kommunikation mit den (anvertrauten) Kindern zu sprechen und dabei bereits vorhandene positive Verhaltensweisen, die als Muster der gelungenen Kommunikation niedergeschrieben sind, aufzuzeigen.

2.3.7.4 *Positiver Ansatz*

Ein weiterer Wirkfaktor und eine wichtige Säule von VHT ist der *Positive Ansatz*. Von den vier genannten Wirkfaktoren ist dieser hingegen der unbekannteste und vernachlässigte von allen. Das hängt wahrscheinlich damit zusammen, dass der *Positive Ansatz* in den obig beschriebenen bereits enthalten ist und viele Autor*innen ihn daher unbeachtet lassen. Obgleich dies in den Säulen nicht immer auf den ersten Blick ersichtlich ist, setzt VHT jedoch im Wesentlichen auf eine positive Perspektive und versucht den Betroffenen, anhand von ermutigenden Ausdrücken und zugewandten Handlungen bei ihren Problemen und Schwierigkeiten zu helfen. Die Methode bietet keinen Platz für Kritik oder (negative) Bewertungen, sondern konzentriert sich ausschließlich auf Erfolge und positive Erfahrungen. Demzufolge sollen nur Bilder, die Erfolgssituationen zeigen, genutzt werden, um diese sodann mit den Gefilmten zu beleuchten. Der hier gefasste Vorsatz ist, eine defizitorientierte Sichtweise durch eine konsequent positive Grundhaltung zu ersetzen und eine Ressourcenorientierung zu etablieren, die den Klient*innen einen positiven und wertschätzenden Blick auf ihre aktuellen Lebensstrukturen ermöglicht (Gens 2020a: 11). Vereinfacht nach dem Professor für Heil- und Sonderpädagogik Max Kreuzer gesagt, bedeutet das, dass VHT-Professionals mit Familien oder Mitarbeitenden in sozialen Einrichtungen „auf positive und produktive Art arbeiten, Schritt für Schritt, um pragmatische und realistische Ziele zu erreichen" (Kreuzer 2007: 37).

Doch wie jede andere Methode hat auch VHT Grenzen oder Nachteile, die Schwierigkeiten in der Ausführung mit sich bringen. Nach der Beschreibung der Wirkungen des Konzepts sowie dessen Wirkfaktoren sollen im Nachfolgenden nun diese Grenzen diskutiert werden.

2.3.8 Grenzen

Leider lässt sich in der Literatur relativ wenig zu den Grenzen von VHT finden. Lediglich auf der Website von *SPIN Deutschland* finden sich hierzu einige Aspekte: Zum einen scheitert es häufig bereits an der Überwindung, sich von einer fremden Person filmen zu lassen und sich im Anschluss in einem Video-ausschnitt selbst anzuschauen und zu reflektieren. Die Angst dabei besteht höchstwahrscheinlich zum Teil auch in dem Finden von Fehlern im eigenen Handeln. Zum anderen schrecken insbesondere Einzelpersonen aber auch Einrichtungen vor den Kosten zurück. Zwar werden diese häufig – vor allem bei Familien – vom Jugendamt übernommen, aber beispielsweise gerade in der Jugendhilfe findet die Abrechnung nach Fachleistungsstunden statt, so-dass die Methode aus finanziellen Gründen nicht in Anspruch genommen wer-den kann (*SPIN* Deutschland 2021). Des Weiteren kann es passieren, dass sich diejenigen, die gefilmt werden, während der Aufnahme verstellen und nicht so handeln, wie sie es in den Situationen gewöhnlich tun würden. Das wäre natürlich fatal für die anschließende Auswertung und Beantwortung der Fragestellung. Dieser Prämisse widerspricht *SPIN-DGVB e.V.* vehement, denn sollten Eltern oder Fachkräfte „sich im Sinne der sozialen Erwünschtheit verhalten (Beobachtungseffekt) und während der Aufnahme ihr Bestes geben, zeigen sie, dass sie das Verhalten in ihrem Repertoire haben. Dies kann auf-gegriffen und im Sinne der *Basiskommunikation* als förderlich herausgearbei-tet werden. Wesentlich ist, dass sie dabei die positive Wirkung auf die Kinder wahrnehmen und es als eine mögliche Antwort auf ihre Fragestellung sehen können" (*SPIN* Deutschland 2021).

Darüber hinaus ist es vorstellbar, dass die verwendete Technik, die für VHT nötig ist, Probleme macht. Sei es, dass der Laptop aufgrund seines Alters aus-fällt oder die Kamera in dem Moment, der so wichtig für die Beantwortung der Fragestellung scheint, nicht aufgeladen ist. Hinzu kommt, dass exakt dieser Moment gefunden werden muss, der sich für eine Aufnahme eignet. Insbeson-dere bei kleineren Kindern stellt dies eine Herausforderung dar, da diese noch sehr sprunghaft von einem Thema ins nächste übergehen und der scheinbar passende Moment vorüber ist, bis die Kamera aufgestellt wurde. Dann kann es in sozialen Einrichtungen hilfreich sein, jemanden zu fragen, ob er*sie sich um die Kamera und Aufnahme kümmern kann. In Familien ist in der Regel ein VHT-Professional dabei, der*die die Kameraführung übernimmt.

Auf die Grenzen und Schwierigkeiten von VHT wird im Forschungsteil dieser Arbeit anhand von tatsächlichen Erfahrungsberichten nochmals eingegangen. Das nächste Kapitel greift jedoch zunächst den bereits bestehenden aktuellen Forschungsstand, der sich in der vorhandenen einschlägigen Literatur findet, auf.

3. Aktueller Forschungsstand

Wenngleich bis zum jetzigen Stand sehr wenige Forschungsarbeiten und Publikationen zur VHT-Methode erschienen sind, können in diesem Kapitel dennoch ein paar zentrale jedoch in spärlicher Auflage erschienene deutschspra-
chige Veröffentlichungen genannt und näher ausgeführt werden.
Zunächst veröffentlichten die VHT-Urgesteine Hannelore Gens und Udo Heimbürger im Jahre 1994 das Werk „Video-Home-Training. Grundlagen zu Theorie und Praxis", in dem sie sowohl weitere bekannte VHT-Autor*innen zu Wort
kommen lassen als auch niederländische Beiträge ins Deutsche übersetzen.
Insgesamt gibt der Sammelband einen umfassenden theoretischen sowie
praktischen Überblick über VHT. Dabei liegt der Fokus überwiegend auf der
Arbeit mit Familien (Gens und Heimbürger 1994). Selbiges gilt für Max Kreuzer
und Helga Räder (1996). Deren zwei Jahre später erschienene Publikation
„Video-Home-Training. Kommunikation im pädagogischen Alltag. Eine erprobte Methode (nicht nur) in der Familienhilfe" konzentriert sich ebenfalls auf
die Grundlagen von VHT, geht darüber hinaus aber auch bereits auf weitere
Einsatzmöglichkeiten und Abwandlungen wie VIB ein (Kreuzer und Räder
1996). Darin beschreibt Kreuzer ferner eine erste Forschungsarbeit, in der er
die Einschätzungen und Erfahrungen der Eltern, die VHT in Anspruch nahmen
oder genommen hatten, untersuchte. Das Untersuchungsziel bestand demnach im Erfassen der persönlichen Meinungen und Bewertungen sowie im
Aufbereiten der Repräsentanzen der Eltern. Hierfür führte Kreuzer halbstruk-
turierte Interviews mit den Beteiligten durch, wobei es sich dabei ausschließlich um Frauen handelte (Kreuzer 1996: 173–197). Mit den Ergebnissen
scheint der Autor im Allgemeinen zufrieden zu sein, denn er führt aus: „Die
Mütter, die wir interviewt haben, zeigen in ihren Aussagen deutlich, daß es bei
ihnen „gefunkt" hat, daß sie auf das Angebot von VHT „angesprungen" sind
und daß sie gute Veränderungen im familiären Alltag als Folge des VHT spüren" (Kreuzer 1996: 196). Als erste umfassende Monografie kann überdies das
Werk „Video-Home-Training. Eine neue Methode der Familienhilfe" von Schepers und König (2000) herangeführt werden, das sich erneut auf theoretische
Weise dem Thema VHT nähert (Schepers und König 2000).
In Anlehnung an Kreuzer führten die Schul- und Entwicklungspsycholog*innen
Franziska Meier und Manuel Neubacher einige Jahre später ebenfalls „Eine
qualitative Befragung von Eltern zum Video Home Training in der Erziehungs-
beratung" durch. Diese Bachelorarbeit mit dem Titel „Kamera im Wohnzimmer"
geht der Frage nach, ob sich Eltern mit einem Bedarf an Erziehungsberatung
vorstellen können, die videobasierte Methode VHT zu wählen und welche
Gründe für oder gegen die Inanspruchnahme ebendieser sprechen (Meier und
Neubacher 2008: 40). Mit den durch qualitative Elterninterviews erhaltenen
Befunden steht für Meier und Neubacher zweifelsfrei fest, dass „die Methode
VHT die Eltern anspricht und sie diese bei einem Bedürfnis nach Erziehungs-
beratung als gute Option in Betracht ziehen würden […]. Alle befragten Eltern

ausser [sic!] einer Mutter [...] könnten sich[,] nachdem sie die Methode kennen gelernt haben, vorstellen[,] bei Erziehungsschwierigkeiten VHT in Anspruch zu nehmen" (Meier und Neubacher 2008: 82). Im selben Jahr schrieb Nicolai Klessinger einen Beitrag über die Begleitforschung zu VHT. Mithilfe unterschiedlicher Methoden wurden neben 31 Familien, die VHT bereits nutzten, auch VHT-Trainer*innen qualitativ und quantitativ befragt. Der Schwerpunkt lag dabei auf den Erfahrungen, Erwartungen und Auswirkungen von und mit VHT (Klessinger 2008: 68–70). Die Untersuchungsergebnisse zeigten ähnlich zufriedenstellende Antworten wie in den vorig beschriebenen Veröffentlichungen. Sowohl Eltern als auch Trainer*innen konnten Verbesserungen im eigenen Verhalten feststellen und eine Deeskalation sowie Entspannung der Problemlage in der Familie erzielen (Klessinger 2008: 70–75).

Weiterhin veröffentlichte Goltsche im Jahre 2009 eine Elternbefragung, an der sie von 2001 bis 2007 arbeitete. Die Eltern „wurden am Ende des Hilfeprozesses anonym und schriftlich über ihre persönliche Einschätzung der Methode VHT und über die damit erzielten Ergebnisse befragt" (Goltsche 2009: 165), fasst Goltsche selbst das Forschungsdesign knapp zusammen. Anhand der Auswertung und der dadurch entstandenen Ergebnisse lässt sich belegen, dass die teilnehmenden Eltern dem VHT-Setting eine hohe Akzeptanz entgegenbringen. Zusätzlich konnte eine Stabilisierung und Verbesserung der Eltern-Kind-Beziehung festgestellt werden. Darüber hinaus gaben die meisten Eltern an, seit der Nutzung der Methode hoffungsvoller in die Zukunft zu schauen und die gesamte Familie mit einem positiveren Blick zu betrachten (Goltsche 2009: 170–173). Eine der neuesten Forschungsarbeiten lieferte Balzer (2020) vor zwei Jahren mit ihrer Abschlussarbeit für die Zertifizierung zur VHT-Trainerin. Es existieren mittlerweile einige Zertifizierungsarbeiten, von denen jedoch nicht alle veröffentlicht wurden respektive in diesem Zusammenhang nennenswert sind. Balzer stellt sich in ihrer Arbeit die Frage, wie sich VHT im Kontext elternaktivierender stationärer Erziehungshilfe auswirkt und spezialisiert sich damit auf die Kinder- und Jugendhilfe. Zum einen bleibt sie dabei bei der Befragung der Eltern, nimmt nun aber erstmals auch Kinder, Fachkräfte und Auszubildende in den Blick (Balzer 2020: 3). Während sie zu Beginn der Methode noch Begriffe wie „Skepsis", „Datenschutz" und „Vorfreude" hört, wird es gegen Ende der Methode eindeutiger: Begriffe und Aussagen wie „Spaß", „Freude", „positiv", „begeistert" und „Stärkung der Selbstwirksamkeit und des Selbstbildes" überwiegen in ihren Interviews und heben erneut die positive Wirkung von VHT bei den Anwender*innen hervor (Balzer 2020: 29).

Im Hinblick auf die eben beschriebenen Forschungsarbeiten wird deutlich, dass die vorliegende Arbeit, deren Zielgruppe Berufsanfänger*innen im sozialen Bereich sind, ein Unikat darstellt und daher für die weitere Entwicklung der VHT-Methode von immenser Bedeutung ist. Nachfolgendes Kapitel umreißt nun das forschungsmethodische Vorgehen dieser Studie.

4. Forschungsmethodisches Vorgehen

Begonnen wird zunächst mit der Beschreibung der Forschungsmethodologie. Darunter werden „grundlegende Überlegungen, Entscheidungen und deren Begründungen [...] gefasst. Methodologie heißt wörtlich ‚Nachdenken über den Weg' bzw. ‚Methodentheorie'. Dazu gehören neben der Klärung bzw. Absprache der verwendeten zentralen Begriffe eine Reihe von Denk- und Arbeitsschritten, die Ziel, Zweck und Mittel des Vorgehens festlegen und damit die Fragen nach dem Warum, dem Was und dem Wie der Forschung ausbuchstabieren" (Sturm 2010: 400). Im Anschluss daran folgt die Darstellung des Forschungsdesigns, denn „neben einer umfassenden und präzisen Programmtheorie ist für eine erfolgreiche Wirkungsanalyse auch die Wahl eines geeigneten Forschungsdesigns entscheidend" (Treischl und Wolbring 2020: 67). In erster Linie wird an dieser Stelle also nochmals näher auf die Forschungsmethode, die Datensammlung sowie -beschreibung und die Analysemethode eingegangen. Sodann werden die Erhebungsmethode und die Stichprobe in den Blick genommen, bevor die Durchführung und die anschließende Auswertung skizziert werden.

4.1 Forschungsmethodologie

Bereits zu Beginn dieser Arbeit wurde der Begriff der Wirkungsanalyse geklärt. Die Ergebnisse dieser Studie, die von *SPIN-DGVB e. V.* angestoßen und möglich gemacht wurde, sollen einerseits die positive Wirkung von VHT auf Berufsanfänger*innen in den sozialen Bereichen bestätigen und andererseits herausfinden, welche Rolle die Wirkfaktoren dabei spielen. Bei dieser Art von Wirkungsforschung sind jedoch auftretende Schwierigkeiten zu berücksichtigen. Schüßler kritisiert beispielsweise, dass das Lern- und Entwicklungstempo häufig so different ist, dass Vergleiche zwischen den Gruppen oder Personen nicht gezogen und damit auch keine repräsentativen Prämissen gemacht werden können. Darüber hinaus bemängelt sie, dass die Lerneffekte zumeist weder sichtbar noch eindeutig zu erkennen sind (Schüßler 2012: 56–57). Treischl und Wolbring unterstützen ihre Meinung gänzlich, fügen aber hinzu, dass „unabhängig von der spezifischen Fragestellung, aus welcher sich zusätzliche spezifische Herausforderungen an die Wirkungsevaluation ergeben, [...] das fundamentale Problem der kausalen Inferenz in der kontrafaktischen Natur mindestens eines nicht-realisierten Zustandes" (Treischl und Wolbring 2020: 66) besteht. Im Klartext bedeutet das, dass es selten möglich ist, die Frage nach dem Warum in den Resultaten zu beantworten. Kausale Zusammenhänge können in der Wirkungsforschung nicht immer von einer bestimmten Ursache abhängig gemacht werden.

Damit die Arbeit nicht den Rahmen sprengt und genug Raum zur Vertiefung und Diskussion bleibt, wurde beschlossen, einzig einen der vier vorgestellten Wirkfaktoren beziehungsweise Säulen von VHT heranzuziehen. Der Wirkfaktor der *Positiven Bilder* scheint sowohl für diejenigen hinter als auch vor der Kamera von großer Relevanz und deshalb für das Ziel dieser Arbeit die richtige Wahl zu sein. Des Weiteren kann auch nicht unerwähnt bleiben, dass eine Untersuchung des gesamten sozialen Arbeitsfeldes mitsamt aller Bereiche ein zu großes Unterfangen darstellen würde. Aus diesem Grund beschränkt sich diese Forschung auf die in der Sozialen Arbeit sehr bekannten Arbeitsfelder „Kindertagesstätte" und „Kinder- und Jugendhilfe" und kann folglich auch nur für diese Bereiche Ergebnisse und Resultate liefern.

Konkretere Denk- und Arbeitsschritte sowie die Auswahl der Methode, die der verstorbene Soziologe Achim Schrader als „Systematisierung von Meßvorgängen unter Berücksichtigung der Meßsituation" (Schrader 1971: 75) definierte, werden nun im Forschungsdesign dargelegt.

4.2 Forschungsdesign

Um die formulierte und präzisierte Forschungsfrage beantworten zu können (Schaffer 2002: 134), wird eine qualitative Forschung durchgeführt. Dies erscheint angesichts einer Wirkungsanalyse als sinnvoll und bedeutet, dass die vorhandenen Daten im Detail betrachtet und beschrieben werden sollen, anstatt sie wie bei einer quantitativen Forschung lediglich zu zählen (Grunnenberg 2004: 65–68). Der Universitätslektor für Sozial- und Wirtschaftspsychologie an der Universität Bremen Thomas Kühn und der Abteilungsleiter „Qualitative Forschung" beim internationalen Marktforschungsinstitut *Ipsos* in Hamburg Kay-Volker Koschel führen aus: „Qualitativer Forschung geht es nicht um Vermessen oder die Definition von Größenverhältnissen, sondern um die Aufdeckung von Wirkungszusammenhängen und die Rekonstruktion von Sinn" (Kühn und Koschel 2011: 49). Oder wie Reischmann es ausdrückt: „Qualitative Verfahren beweisen nicht - sie erleuchten. Mit qualitativen Studien versucht man ein vertieftes Verständnis über die Situation und die Bedeutungen, welche die Beteiligten damit zu verbinden, zu erlangen" (Reischmann 2006: 226). Diesbezüglich steht es außer Zweifel, dass und warum sich die die qualitative Forschung schon seit einiger Zeit überwiegend auch in den Sozialwissenschaften in einem starken Aufschwung befindet (Flick 2004: 43). Die Teilnehmenden werden bei einer qualitativen Forschung einzelner wahrgenommen und haben so die Möglichkeit, von Erfahrungen rund um VHT und den Wirkfaktor der *Positiven Bilder* zu berichten und zu erzählen. Es geht im Endeffekt darum, das vorhandene Material im Anschluss an die Datenerhebung in aller Ausführlichkeit zu betrachten sowie zu analysieren und die Einstellungen der Proband*innen in den verschiedenen Arbeitsfeldern hierzu ausfindig zu machen.

Hierfür bedarf es wie auch in der quantitativen Forschung sogenannter Gütekriterien, die die Qualität einer jeden Forschungsarbeit sicherstellen (Burzan 2016: 22). Dies dient den Beteiligten, wie der Soziologe Uwe Flick feststellt, in dreierlei Hinsicht: „Zum einen für den Forscher, der sein Vorgehen und seine

Ergebnisse überprüfen und absichern möchte; weiterhin für den Abnehmer der Forschung - der Leser von Veröffentlichungen oder der Auftraggeber, der das Vorgestellte einschätzen oder bewerten soll, schließlich stellt sie sich bei der Begutachtung qualitativer Forschung - bei der Beurteilung von Forschungsanträgen und zunehmend in Peer Review Verfahren von Zeitschriften bei der Beurteilung von Manuskripten" (Flick 2004: 44). Die klassischen Gütekriterien in der qualitativen Forschung sind nicht einheitlich definiert. Zumeist findet sich eine Unterscheidung in Validität und Reliabilität. Ersteres wird auch Gültigkeit oder Zuverlässigkeit genannt und soll laut dem Psychologen, Soziologen, Pädagogen und Mitbegründer der qualitativen Inhaltsanalyse Philipp A. E. Mayring „einschätzen, ob auch das erfasst wurde, was erfasst werden sollte, also ob beispielsweise eine Intelligenzuntersuchung mit ihren Messinstrumenten tatsächlich Intelligenz erfasst hat (und nicht z.B. nur Rechenfähigkeit oder differenzierte Sprachbeherrschung)" (Mayring 2016: 141). Der Professor für Erziehungswissenschaften und Sozialforschung Udo Kuckartz unterscheidet zusätzlich zwischen interner Validität (Glaubwürdigkeit und Verlässlichkeit) und externer Validität (Übertragbarkeit, Passung) (Kuckartz 2012: 202). Die Reliabilität dagegen „betrifft die Genauigkeit, die Exaktheit des Vorgehens, der Messung" (Mayring 2016: 141) und wird daher des Öfteren als Genauigkeit bezeichnet. In der quantitativen Forschung kommt häufig noch die Objektivität beziehungsweise Intersubjektivität und die Repräsentativität also die Reichweite der Ergebnisse hinzu. Diese Kriterien können im vorliegenden Fall aber aufgrund deren Bestimmtheit für die quantitativen Methoden weitestgehend ausgeklammert werden (Burzan 2015: 29). Die beiden erstgenannten sollen am Ende dieser Arbeit nochmals hinsichtlich ihrer Erfüllung herangezogen und überprüft werden.

Um diese Form eines qualitativ repräsentativen Forschungsansatzes zu gewährleisten, werden Fokusgruppendiskussionen als Erhebungsinstrument zur Datensammlung durchgeführt, bei denen mehrere Proband*innen gleichzeitig zu einem bestimmten Thema befragt werden. Dadurch entsteht die Möglichkeit des Gesprächs, des Austausches und der Diskussion der Teilnehmenden unter- und miteinander (Bohn-sack, Przyborski und Schäffer 2010: 7–9). Für diese Untersuchung bedeutet das, dass pro Arbeitsfeld eine Fokusgruppendiskussion mit je zwei Berufseinsteiger*innen und zwei VHT-Professionals stattfindet, um die Sichtweise und Erfahrungen beider Seiten einzufangen und analysieren zu können. Genaueres und Ausführlicheres zum Erhebungsinstrument wird im kommenden Kapitel dargelegt. Aufgrund der spärlichen Literatur zur Arbeit von Berufsanfänger*innen mit VHT, kann nur wenig Literaturrecherche herangezogen werden. Die anfänglichen Erörterungen dienen ausschließlich der theoretischen Einordnung und Grundlagen-beschreibung von VHT und sind für die weiteren Ausführungen hinsichtlich des besseren Verständnisses und der Wirkungsevaluation notwendig.

Die Analyse und Auswertung der gewonnenen Daten geschieht mit der qualitativen Inhaltsanalyse nach Philipp Mayring. Die qualitative Inhaltsanalyse dient der systematischen Aufarbeitung von Materialien wie beispielsweise Transkriptionen. Sie ist Teil der empirischen (Sozial)Forschung und unterstützt die Erkenntnisgewinnung. Das Spannende an der qualitativen Inhaltsanalyse ist, dass nicht nur Texte untersucht und analysiert, sondern auch Musik oder Bilder für die Auswertung herangezogen werden können (Braunecker 2021: 25–26). Mehr zur qualitativen Inhaltsanalyse nach Mayring findet sich im Kapitel 4.6, das sich tiefergehend mit der Auswertung beschäftigt. Vorstellbar wäre in diesem Zusammenhang auch die Nutzung der dokumentarischen Methode nach Ralf Bohnsack. Dabei handelt es sich ebenfalls um ein Verfahren der qualitativen Sozialforschung, das jedoch am inkorporierten also dem unbewussten, nicht greifbaren Wissen der Teilnehmenden interessiert ist. Die Methode ermöglicht somit den Zugang zu handlungsorientierenden Wissensbeständen (Bohn-sack 2011: 15). Wesentlich ist dabei der Wechsel von der Was-Frage zur Frage nach dem Wie (Bohnsack, Fritzsche und Wagner-Willi 2014: 16). Zum einen sind dies nicht die Themen, für die sich diese Arbeit interessiert, zum anderen nennt bereits Bohnsack einige Grenzen der Methode, die nicht unbeachtet bleiben können. Auffallend ist die interpretative Erkenntnisgewinnung des Verfahrens. Das heißt, dass aus dem Gesagten oder Gezeigten intuitiv und interpretativ herausgelesen respektive gesehen werden soll, was die Person eigentlich damit meint, dabei denkt oder fühlt. Dies kann zu Missverständnissen oder Datenverfälschungen führen und die Studie und dessen Ergebnisse verfälschen (Bohnsack 2011: 135–136). Insofern wurde die qualitative Inhaltsanalyse nach Mayring zur Datenaufbereitung und -auswertung gewählt. Dies soll allerdings kein Plädoyer für diese Methode oder Abwertung der dokumentarischen Methode sein. Die Inhaltsanalyse erscheint für dieses Vorhaben im Großen und Ganzen einfach passender und zweckmäßiger.

4.3 Erhebungsinstrument

Als Erhebungsinstrument dienen zwei Fokusgruppendiskussionen, die, wie im vorherigen Kapitel bereits erwähnt, in die Arbeitsfelder „Kindertagesstätte" und „Kinder- und Jugendhilfe" eingeteilt und mit je zwei Berufseinsteiger*innen und zwei VHT-Professionals durchgeführt werden. Ähnlich wie die qualitative Forschung erfreuen sich auch Fokusgruppen in der Praxis „wachsender Beliebtheit. Sie sind vergleichsweise schnell, kostengünstig und effektiv einzusetzen, wenn es darum geht, gruppenspezifische Wahrnehmungs-, Deutungs- und Bewertungsmuster zu erforschen. Als qualitatives Verfahren bieten sie die Chance, im Gruppenprozess Aspekte, Hintergründe und Beurteilungsgrundlagen detailliert entfalten zu lassen" (Zwick und Schröter 2012: 24). In dieser Arbeit wird der Begriff Fokusgruppendiskussionen im Sinne von David L. Morgan verwendet. Der amerikanische Sozialwissenschaftler und Soziologe definiert Fokusgruppen als eine Forschungstechnik, die durch Gruppeninteraktion zu einem bestimmten Thema Daten sammelt. Diese Definition beinhaltet drei wesentliche Komponenten. Erstens besagt sie eindeutig, dass Fokusgruppen eine Forschungsmethode sind, die der Datenerhebung dient. Zweitens stellt sie die Interaktion in einer Gruppendiskussion als Quelle der Daten dar. Drittens erkennt sie die aktive Rolle des Forschenden bei der Gestaltung der Gruppendiskussion zum Zweck der Datenerhebung an (Morgan 1996: 130). Prinzipiell geht es also darum, die Einstellungen und Meinungen aber auch die Wahrnehmungen der Proband*innen in diesem Fall zu den *Positiven Bildern*, die in der videobasierten Beratungsmethode VHT eine besondere Rolle spielen, festzuhalten (Schrader 1971: 91). Für den Soziologen Ralf Bohnsack und die Psychotherapeutin Aglaja Przyborski stellen die in den Fokusgruppendiskussionen gewonnenen Erkenntnisse nebenbei bemerkt die kollektiven Orientierungen einer Gruppe dar (Bohnsack und Przyborski 2010: 235).

Gleichwohl Gruppendiskussionen zu Beginn häufig wie eine ungezwungene Gesprächsrunde wirken, sind sie alles andere als das. Sie erfordern neben einer klaren und expliziten Zielsetzung auch ein durchdachtes Setting (Kühn und Koschel 2011: 29). Nichtsdestotrotz gehören sie zu den nicht-strukturierten Interviewformen, bei denen ein Leitfaden anstelle eines Fragebogens tritt. Dieser beinhaltet sehr wenige sowie offen gehaltene Fragen und gibt keine Antwortalternativen vor. Außerdem muss sich der Durchführende nicht an den genauen Wortlaut halten, sondern kann seine Fragen variieren und anpassen. Nachfragen oder sogenannte Sondierungsfragen können nach eigenem Ermessen und Belieben eingesetzt werden (Schrader 1971: 123). Kühn und Koschel verweisen in diesem Zusammenhang darauf, dass „eine Gruppendiskussion nie durch den Leitfaden derart vorbestimmt sein sollte, dass dadurch den Teilnehmern quasi die Luft abgeschnitten wird, eigene thematische Impulse zu setzen" (Kühn und Koschel 2011: 99).

Im Übrigen stellt auch die Wahl des*der Moderator*in eine wichtige Entscheidung für den Verlauf von Fokusgruppendiskussion dar. Der*die Führende des Gesprächs sollte zum Thema oder der Zielgruppe passen und sich vorab bereits gründlich dazu informiert haben. Eine reine Frauengruppe, bei der die Teilnehmenden zu bestimmten ‚Frauenthemen' diskutieren, sollte zum Beispiel nicht von einem Mann moderiert werden, da dies zu Hemmungen innerhalb der Gruppe führen könnte (Kühn und Koschel 2011: 75). Zwar nimmt die Moderation während der Diskussion eine eher untergeordnete Rolle ein, indem sie sich und ihr Wissen zurückhält, dennoch ist sie „entscheidend für die Ergebnisse des Gruppeninterviews. Vom Geschick des Moderators hängt es ab, ob die Teilnehmer die Fragen verstehen, sie im Sinne der Aufgabenstellung erschließen und erörtern und gemeinsam in der Diskussion der Gruppe eine Antwort finden. Dabei agiert der Moderator als eine Art Dirigent, der die „Einstimmung" in das Gruppeninterview durchführt und das Zusammenspiel der Teilnehmer zu einer gemeinsamen Zielstellung leitet" (Benighaus und Benighaus 2012: 111–112). Kühn und Koschel führen diese Punkte fort, indem sie auf die Beobachtungs- und Hinterfragungsfunktion der Moderation aufmerksam machen: „Er schaut genau hin, wie die Teilnehmer einer Gruppendiskussion miteinander interagieren und worüber sie sprechen. Dabei hinterfragt er scheinbar Selbstverständliches genau so, wie ein Reisender versucht, den Alltag der Einheimischen in der Region zu verstehen, die er bereist" (Kühn und Koschel 2011: 139).

Ferner kommen in Fokusgruppendiskussionen grundsätzlich „deutlich umfangreichere Argumente in der Diskussion zusammen, als wenn nur eine einzelne Person befragt werden würde. Die Fokusgruppe bietet Ergebnisse, wie die Gruppe über bestimmte Dinge denkt und fühlt, und warum bestimmte Meinungen entstanden sind. Die Moderation und Dynamik einer Fokusgruppe kann die Ergebnisse der Antworten entscheidend beeinflussen, und vor allem kann sie geplant werden" (Benighaus und Benighaus 2012: 130). Aus diesem Grund wurde sich in dieser Arbeit bewusst für den Einsatz von Gruppendiskussionen entschieden. Doch sie bieten auch Nachteile und Probleme, die bedacht werden müssen. Wie dies bei vielen Erhebungsinstrumenten der Fall ist, ist auch bei Fokusgruppendiskussionen der zeitliche und räumliche Aspekt zu beachten. Wo soll beziehungsweise kann die Fokusgruppendiskussion stattfinden? Wie viel Zeit wird sie in Anspruch nehmen? Wo lassen sich geeignete Personen oder Gruppen für die Fokusgruppe rekrutieren? Wie kann ein passender Termin für alle Teilnehmenden einschließlich der Moderation gefunden werden? Was passiert, wenn die angegebene Zeit verstrichen ist, aber die Proband*innen noch mitten in der Diskussion sind? Hinzu kommt, dass die Gruppendynamik harmonieren muss. Ist dies nicht der Fall, kann keine erkenntnisgewinnende Diskussion zwischen den Teilnehmenden stattfinden. In Gesprächsgruppen stellt sich zudem unweigerlich die Frage, wie mit Teilnehmenden umgegangen werden soll, die sich entweder zu viel beteiligen und dadurch andere nicht zu Wort kommen lassen oder zu wenig beteiligen, sodass deren Sichtweise nicht wahrgenommen wird (Kühn und Koschel 2011: 217–222). Wie die Autorin mit diesen und weiteren Schwierigkeiten und Fragen während der Durchführung umgegangen ist, wird im Kapitel 4.5 Durchführung ausführlich behandelt.

4.4 Stichprobe

Die Planung eines Fokusgruppenprojekts umfasst eine Reihe von Entscheidungen darüber, wie die Daten gesammelt werden sollen. In der Reihenfolge ihrer Auswirkungen auf die Art der Daten muss zunächst die Entscheidung getroffen werden, wer an den Gruppen teilnehmen wird, denn nur selten ist es möglich, dass die Grundgesamtheit (N) also alle Personen, auf die die abzielenden Merkmale zutreffen, an der Studie teilnehmen können (Merten 1995: 280). Die nächste Entscheidung bestimmt, wie strukturiert die Gruppen sein werden, einschließlich des Grades der Beteiligung des*der Moderierenden. Danach gibt es weitere Entscheidungen über die Größe der einzelnen Gruppen und die Anzahl der Gruppen für das Gesamtprojekt (Morgan 2009: 5). Die Teilnehmenden der Gruppen werden als Stichprobe (n) bezeichnet. Die Soziologin, Psychologin und Pädagogin Hanne Isabell Schaffer merkt des Weiteren an, dass die Elemente einer Stichprobe nicht nur Personen darstellen können, sondern ebenso Dinge wie zum Beispiel Zeitungen, Gemälde oder bildhauerische Darstellungen (Schaffer 2002: 138–139). In dieser Arbeit wird sich jedoch auf das ‚klassische' Verständnis einer Stichprobe bezogen und mit Personen also Proband*innen gearbeitet. Weiterhin beschäftigt sich Schaffer mit der Gültigkeit und Repräsentativität von Studien. Ihr zufolge „hängt deren Aussagekraft und Verlässlichkeit neben dem eingesetzten Methodeninstrument ganz essentiell davon ab, wie die Stichprobe beschaffen ist. Als eine grundsätzliche Regel gilt, dass größere Stichproben ein genaueres Abbild der Grundgesamtheit liefern als kleine Stichproben" (Schaffer 2002: 139). Dies begründet sie mit einschlägigen Diskussionen um die Validität von wissenschaftlichen Studien.

Da es jedoch in der vorliegenden Arbeit um Qualität und nicht um Quantität geht und insbesondere für Interviewsituationen generell weniger Versuchspersonen befragt werden, fällt die Stichprobe mit n = 8 relativ klein aus. Gleichzeitig wird diese Stichprobe in zwei Gruppen unterteilt, in denen sich demnach jeweils vier Proband*innen aus demselben Arbeitsfeld befinden. Die Rekrutierung der Stichprobe geschah zum einen überwiegend durch die Unterstützung einiger VHT-Professionals, die eng mit dem Verein *SPIN-DGVB e.V.* zusammenarbeiten, und zum anderen über den Bekanntenkreis aus dem Studium, der sich wiederum abermals auf den Dachverband zurückführen lässt. In der Gruppe „Kindertagesstätte" befanden sich also zwei Berufseinsteiger*innen und zwei VHT-Professionals. Zum Schutz der befragten Personen wurden die Namen in diesem Kapitel sowie in allen weiteren und dem Anhang anonymisiert. Zur den Berufsanfänger*innen gehört Paula Pfeiffer. Sie studiert derzeit Frühkindliche Bildung und Erziehung an der Pädagogischen Hochschule Ludwigsburg und wurde während ihres dreizehnwöchigen Praxissemesters, das sie in einer Kindertageseinrichtung absolvierte, mit VHT begleitet. Jana Krause, die ebenfalls zu den Berufsanfänger*innen gehört, ist PiA-Auszubildende in derselben Kindertageseinrichtung und wird seit Beginn ihrer dreijährigen Ausbildung durch VHT unterstützt. Matthias Danz ist der Anleiter der beiden Berufsanfängerinnen in der gleichen Kindertageseinrichtung und zurzeit in der Ausbildung zum VHT-Coach. Somit führte er auch die VHT-Prozesse bei seinen Auszubildenen durch. Annette Pilz ist VHT-Ausbilderin und -Supervisorin. Die gelernte Sozialpädagogin ist im Bereich der Elementarerziehung mit dem Schwerpunkt *Early Excellence* tätig. Hier hat sie es geschafft, VHT bei ihrem Träger fest zu implementieren.

In der Gruppe der „Kinder- und Jugendhilfe" gibt es einen ähnlichen Aufbau. Zu den Berufseinsteiger*innen zählen die Lehramtsanwärterinnen Lara Dambacher und Sandra Scholz. Beide sind an einem *Sonderpädagogischen Bildungs- und Beratungszentrum* (SBBZ) tätig und führten einen VHT-Prozess mit drei Aufnahmen und Rückschauen durch. Daneben nimmt die VHT-Professional Cindy Wild teil. Sie ist Lehrerin am selben SBBZ und nutzte die VHT-

Methode mit den Berufsanfänger*innen in dieser Gruppe. Zusätzlich gehört Mandy Schneider zu den VHT-Professionals. Obwohl sie ihr Bachelorstudium der Sozialen Arbeit, in dem sie durchgängig mit VHT begleitet wurde, erst vor kurzem absolviert hat und damit immer noch als Berufseinsteiger*in zählen würde, arbeitet sie seit Beginn des Studiums im stationären Bereich der Hilfen zur Erziehung und ist aktuell in der Ausbildung zum VHT-Coach. In der konzeptionell besonderen Wohngruppe, in der Mandy tätig ist, werden Kinder bis 13 Jahren betreut, mit dem Ziel der Rückführung in die Herkunftsfamilie. Dabei wird mit dem gesamten System der Familie sowie mit VHT sowohl mit Eltern als auch alleine mit den Kindern gearbeitet. Das bedeutet also, dass Mandy beide Seiten der Kamera kennt, aufgrund ihrer Ausbildung zur VHT-Trainerin aber ähnlich wie Matthias zu den VHT-Professionals zählt. Im Übrigen ist Matthias der einzige männliche Vertreter der Befragten. Da männliche Fachkräfte in der Praxis des sozialen Bereichs allerdings weiterhin stark unterrepräsentiert sind, ist die Gewichtung der männlichen und weiblichen Teilnehmenden der Fokusgruppendiskussionen sehr realitätsnah und daher auf die soziale Praxis übertragbar.

In der nachfolgenden Tabelle 1 sind die Teilnehmenden der Fokusgruppendiskussionen nochmals anonymisiert veranschaulicht. Hinter den jeweiligen Namen findet sich zudem die Bezeichnung, die auch in der Transkription zu finden ist.

Teilnehmende	Arbeitsfelder		Gesamt
	„Kindertagesstätte"	„Kinder- und Jugendhilfe"	
Berufsanfänger*-innen	Paula Pfeiffer („B1")	Lara Dambacher („B1")	4
	Jana Krause („B2")	Sandra Scholz („B2")	
VHT-Professionals	Annette Pilz („P1")	Cindy Wild („P1")	4
	Matthias Danz („P2")	Mandy Schneider („P2")	
Gesamt	4	4	8

Tabelle 1: Teilnehmende der Fokusgruppendiskussionen (eigene Darstellung)

4.5 Durchführung

Die Durchführung der Fokusgruppendiskussionen oder wie Schaffer es nennt, die „Befragungsphase" beziehungsweise „Erhebungsphase" (Schaffer 2002: 104) erfolgte auf ‚klassische' Weise mit einer Besonderheit. Wie bereits mehrfach erwähnt, wurden die Fokusgruppen in die Arbeitsfelder „Kindertagesstätte" und „Kinder- und Jugendhilfe" eingeteilt. In jeder Gruppe befanden sich vier Teilnehmende. Diese bestanden aus je zwei Berufsanfänger*innen und zwei VHT-Professionals. Um einen geeigneten Termin für die jeweiligen Gruppen zu finden, wurden *Doodle*-Umfragen mit einigen Terminvorschlägen per

E-Mail an die sich bereit erklärenden Teilnehmenden verschickt. Aufgrund der damaligen pandemischen Lage und der Zeitersparnis sowie des niederschwelligen Zugangs wurden die Fokusgruppendiskussionen online über das mittlerweile weit verbreitete Tool für Videokonferenzen *Zoom* durchgeführt. Gemäß Kühn und Koschel existiert die Möglichkeit, Fokusgruppendiskussionen über das Internet durchzuführen, bereits seit Mitte der 1990er Jahre. Anfänglich wurde dies jedoch sehr selten genutzt, da die geringe Datenübertragungsrate nur eine asynchrone und schriftliche Kommunikation ermöglichte und somit Gestik, Mimik und Tonalitäten nicht erfasst werden konnten. Erst mit der Erhöhung der Bandbreite und dem aufkommenden Web 2.0, das die Nutzung von Webcams und Einbindung von Bildern, Videos und Ton ermöglichte, entwickelten sich Online-Fokusgruppendiskussionen zu einer nützlichen und gleichwertigen sowie im Idealfall flexibleren Methode als Fokusgruppen in Präsenz (Kühn und Koschel 2011: 284). Den Grund hierfür sehen die ge-nannten Autoren in der schnellen und unkomplizierten Erreichung und Zusammenführung von eventuell schwierigen Zielgruppen, „die bei einer klassischen Gruppendiskussion aus zeitlichen und/oder räumlichen Rahmenbedingungen nicht zusammen diskutieren hätten können" (Kühn und Koschel 2011: 284). Dennoch traten bereits vor den eigentlichen Gruppendiskussionen Schwierigkeiten bei der Terminfindung auf. Dieses vorhersehbare Problem resultierte aus den unterschiedlichen Arbeitszeiten und kurzfristigen, coronabedingten Änderungen des Schichtplans der Teilnehmenden, konnte aber im Nachhinein mit einigen Terminverschiebungen gelöst werden.

Das Einverständnis zur Videoaufzeichnung wurde vorab von den Teilnehmenden eingeholt. Es stand den Proband*innen noch dazu immer offen, beispielsweise die Kamera oder den Ton auszuschalten oder bestimmte Fragen nicht zu beantworten, die schon ausreichend beantwortet wurden oder zu unangenehm beziehungsweise persönlich waren. Viele der Teilnehmenden kannten sich bereits, da sie in der gleichen Einrichtung arbeiten oder gearbeitet hatten und pflegten somit ein freundschaftliches Verhältnis miteinander. Dies kam der Gruppendiskussion zugute, denn diese fand dadurch in einer entspannten und aufgelockerten Atmosphäre statt, sodass sich die Proband*innen auch zu privaten und prekären Fragen äußerten und an einigen Stellen eine angeregte Diskussion stattfand. Die beiden Fokusgruppen liefen nacheinander anhand eines vorab erstellten Diskussionsleitfadens (siehe Anhang 9.1), der das Interview ebenso mithilfe von Begrüßung und Verabschiedung strukturierte, ab (Braunecker 2021: 33). Die Herausforderung bei der Konzeption jenes Leitfadens bestand in diesem Fall darin, die Fragen auf der einen Seite offen, einfach und verständlich zu gestalten und auf der anderen Seite beide Erfahrungsebenen also sowohl die Berufsanfänger*innen als auch die VHT-Professionals anzusprechen. Insgesamt nahmen die Fokusgruppen jeweils etwa eine Stunde in Anspruch. Wichtig war darüber hinaus, die Audio- und Videoaufzeichnung der Diskussionen mithilfe eines Audiogerätes sowie *Zoom*, um die anschließende Transkription und damit verbundene Auswertung zu gewährleisten (Braunecker 2021: 34).

4.6 Auswertung

Vor der Auswertung müssen die Aufzeichnungen zunächst transkribiert werden. Hierfür werden die Transkriptionsregeln nach Thorsten Dresing und Thorsten Pehl herangezogen. Diese entwickelten ein vereinfachtes Transkriptionssystem, das sowohl für Einzelinterviews als auch Gruppendiskussionen eingesetzt werden kann (Dresing und Pehl 2011: 15-18). Diese Transkriptionsregeln sowie ein Auszug der angefertigten Transkriptionen mit Zeilennummerierung zur besseren Veranschaulichung und Zitation finden sich im Anhang (siehe 9.2 und 9.3).

Für die Auswertung von Fokusgruppendiskussionen müssen gemäß *Joepgen*, dem Institut für Marktforschung aus Münster, einige Variablen berücksichtigt werden. Zu den vier entscheidenden Faktoren gehören die Eindrücke des Moderationsteams, das Live-Protokoll, die wörtlichen Transkripte und die Videoaufzeichnungen (Joepgen | Institut für Marktforschung aus Münster 2021). Das Institut merkt außerdem an, dass es in der Auswertung darum geht, „die Bedeutung und Folgen der im Laufe der Diskussion geäußerten Meinungen, Erklärungen und Argumente für die Fragestellungen zu verstehen. In der Regel werden zentrale Themen der Diskussion identifiziert und verschiedene Meinungen zu den jeweiligen Themen beschrieben" (Joepgen | Institut für Marktforschung aus Münster 2021). Kühn und Koschel, die sich in ihrer Publikation gleichermaßen intensiv mit der Analyse von Fokusgruppendiskussionen beschäftigt haben, greifen diesen Gedanken der subjektiven Wirklichkeit auf und unterstreichen, dass eine reine Objektivität unmöglich, zu erfassen ist. Überdies weisen sie darauf hin, dass mögliche Auswertungsmethoden und deren Techniken sowie Regeln zu kennen sind, um einen Analyseprozess durchführen zu können (Kühn und Koschel 2011: 175).

Wie bereits dargelegt, wird der Auswertung dieser Arbeit die qualitative Inhaltsanalyse nach Philipp Mayring zugrunde gelegt, die überwiegend in sozialen Feldern wie der Pädagogik aber auch der Psychologie ertragreiche Verwendung findet (Gläser-Zikuda 2008: 286). Definitionsgemäß ist dies „eine empirische Methode zur systematischen, intersubjektiv nachvollziehbaren Beschreibung inhaltlicher und formaler Merkmale von Mitteilungen, meist mit dem Ziel einer darauf gestützten interpretativen Inferenz auf mitteilungsexterne Sachverhalte" (Früh 2015: 27). Damit ist, vereinfacht ausgedrückt, der Schluss und die Bedeutung von Aussagen, Bedeutungen und Merkmalen, die während der Auswertung deutlich werden, auf die soziale Wirklichkeit gemeint (Rustemeyer 1992: 2). Doch die Inhaltsanalyse beschäftigt sich „längst *nicht nur* mit der Analyse des *Inhalts* von Kommunikation. [...] Denn auch formale Aspekte der Kommunikation wurden zu ihrem Gegenstand gemacht. So werden Gesprächsprotokolle mit psychotherapeutischen Patienten nach formalen Charakteristika wie Satzkorrekturen, unvollständigen Sätzen, Wortwiederholungen, durchforstet, um da-durch einen Index für Angst beim Patienten zu erhalten" (Mayring 2015: 11), berichtigt Mayring selbst. Gegenstand dieser Analysetechnik sind dem Kommunikationsforscher Klaus Merten zufolge „alle Kommunikationsinhalte, sofern sie in irgendeiner Weise manifest, also als Text abgebildet werden können. Auch nonverbale Inhalte, wie Vasenmalereien, Höhlenzeichnungen, Musik, Theaterspiel, Tanz oder Pantomime, stellen Inhalte dar, die etwas zum Ausdruck bringen (kommunizieren) sollen und die durch geeignete Fixierungstechniken (Notation) manifest gemacht werden können" (Merten 1995: 16).

Die qualitative Inhaltsanalyse vollzieht sich in nachfolgenden Phasen oder Schritten: Für die Vorstrukturierung, nach dem Kommunikations- und Medienwissenschaftler Werner Früh auch die „Planungsphase" (Früh 2015: 147) genannt, muss zuerst das Material also in diesem Fall die Texte oder Transkriptionen, die zur Beantwortung der Forschungsfrage benötigt werden, ausgewählt werden (Rustemeyer 1992: 42). Nun folgt die Benennung der Analyserichtung, bei der das Ziel der Analyse ausgesucht wird. Zur Auswahl stehen beispielsweise der Text selbst, der*die Autor*in des Textes, die Zielgruppe oder der soziokulturelle Hintergrund des Textes (Früh 2015: 149). In der vorliegenden Arbeit wird sich an dieser Stelle auf die angefertigte Transkription der Fokusgruppendiskussionen bezogen.

Im Anschluss daran muss die Analyseform für die „Entwicklungs- und Testphase" (Früh 2015: 153–163) festgelegt werden. Die einschlägige Literatur beschreibt und diskutiert einige Unterformen der qualitativen Inhaltsanalyse. In der Erstauflage von Mayrings *Qualitative Inhaltsanalyse* (1983) wurden drei Grundformen der Inhaltsanalyse benannt: die zusammenfassende Inhaltsanalyse, die explizierende Inhaltsanalyse und die strukturierende Inhaltsanalyse. Bei ersterer wird der untersuchte Stoff auf überschaubare Paraphrasen also Kurztexte reduziert, um anschließend eine Generalisierung zu erzeugen, die in der Darstellung einer Reduktion endet. Dabei wird nur der grundlegende Inhalt beibehalten. Auf dieser Basis lässt sich ein überschaubarer Korpus des gesamten Materials erstellen. Diese Form der Inhaltsanalyse ist dann von besonderer Sinnhaftigkeit, wenn das Material inhaltlich präsentiert werden soll (Mayring 2008: 11). Die zweite Form ist das exakte Gegenteil der zusammenfassenden Inhaltsanalyse. Mithilfe der Explikation eines Textes werden unklare Inhalte durch weiterführendes und zusätzliches Material erklärt, um Wissenslücken abzubauen. Es wird in diesem Fall des Öfteren von einer Erweiterung der Analyseinhalte gesprochen (Mayring 2008: 11). Am verbreitetsten und gebräuchlichsten ist im Allgemeinen allerdings die strukturierende Inhaltsanalyse (Schaffer 2002: 126). Mayring erläutert: „Bei Strukturierungen werden die Kategorien theoriegeleitet vor der Analyse entwickelt und dann ans Material herangetragen; es handelt sich dabei um eine deduktive Analyserichtung: von der Theorie zum konkreten Material" (Mayring 2008: 11). Somit muss bei einer strukturierenden Inhaltsanalyse ein Kodierleitfaden erstellt werden, mit dem das Material anhand von festgelegten Kriterien überprüft und untersucht wird. Grundsätzlich wird dabei zwischen der deduktiven und der induktiven Kategorienbildung unterschieden. Während deduktiv bedeutet, dass die ursprüngliche Hypothese und die Befunde in der Literatur die einzelnen Kategorien liefern, werden bei der Induktion die Kategorien aus dem Interviewmaterial übernommen. Das, was die Befragten am meisten beschäftigte oder worüber sie am meisten aussagen konnten oder wollten, wird hier herangezogen. Bei der induktiven Kategorienbildung erfolgt die Kodierung, also die Einordnung von Aussagen in Kategorien, parallel zur Kategorienbildung. Nebenbei bemerkt sind auch Kombinationen der beiden Kategorienbildungsformen möglich. So können beispielsweise Kategorien bereits vorab also deduktiv formuliert und daraufhin während der Untersuchung auf Basis der durch Induktion gewonnenen Erkenntnisse modifiziert werden (Gisske und Hartung-Beck 2020: 186).

Die vorliegende Arbeit beschränkt sich allerdings aufgrund von spärlicher Literatur und Forschungsarbeiten auf die induktive Kategorienbildung, sodass die Kategorien erst nach der Durchführung der Fokusgruppendiskussionen gebildet wurden. Neben der zuletzt genannten strukturierenden Form der Inhaltsanalyse werden auch Teile der zusammenfassenden Inhaltsanalyse in dieser Arbeit zum Tragen kommen, da der paraphrasierte Inhalt mit der Unterstützung einer Kodierungsliste beziehungsweise eines Kodierleitfadens genauestens analysiert werden soll, um die Forschungsfrage beantworten zu können. Ebenjener Leitfaden ist im Anhang (siehe 9.4) dargestellt.

Nach der Entwicklung des Kategoriensystems für die Einordnung der Ergebnisse kann in der „Anwendungs- und Auswertungsphase" (Früh 2015: 198–200) damit begonnen werden, die Ergebnisse zu interpretieren. Für diese detaillierte Auswertung werden nun die Bestandteile des Materials in die passenden Kategorien eingeordnet mit dem Ziel der Darstellung der Befunde sowie der Formulierung von Schlussfolge-rungen und Konsequenzen (Merten 1995: 331). Dieser sogenannte Codiervorgang „ist die numerische Übersetzung der Daten auf vorgefertigte Codierbögen. [...] Weil im Codiervorgang die untersuchungsrelevanten Informationen aus dem Gesamttext selegiert werden, findet also gleichzeitig immer eine Interpretationsleistung des Codierers statt" (Schaffer 2002: 124). Sowohl Kuckartz (Kuckartz 2012: 201) als auch Früh (Früh 2015: 188–198) empfehlen schließlich die Sicherstellung der bereits dargelegten Gütekriterien der qualitativen Forschung. Diese Feststellung von Validität und Reliabilität wird im Kapitel 6 dieser Arbeit diskutiert.

Im Übrigen nutzen viele Forschende, so auch Kuckartz, die Unterstützung einer Software zur computergestützten qualitativen Daten- und Textanalyse (CAQDA): „Seit den Anfängen in den 1980er Jahren hat sich die Leistungsfähigkeit von QDA-Software in einer kaum für möglich gehaltenen Weise entwickelt. [...] Verglichen mit ihren Anfängen hat QDA-Software heute einen beachtlichen Reifegrad erreicht. Die Analysefunktionen sind weitaus umfangreicher und die Transparenz des gesamten Analyseprozesses ist unvergleichlich größer geworden, z.B. werden Codierungen, Memos und (Hyper-)Textlinks direkt am Text visualisiert, sind jederzeit einsehbar und veränderbar" (Kuckartz 2004: 11–14). Dieser Form der Inhaltsanalyse rechnet Merten ein hohes Potential an. Insbesondere in puncto Schnelligkeit, Genauigkeit und Zuverlässigkeit ist die computergestützte Methode der konventionellen aufgrund des programmierten Algorithmus weitaus überlegen (Merten 1995: 339). Eines der bekanntesten Softwareprogramme ist wohl *MAXQDA*, welches sich an Studierende, Promovenden und Wissenschaftler*innen in Forschungsprojekten richtet und den Forschungsprozess erheblich zu erleichtern vermag (Kuckartz und Rädiker 2020: 5–6). Auf der offiziellen Website heißt es dazu: „*MAXQDA* kann mit einer riesigen Auswahl an Datenformaten arbeiten. Einfache Textdokumente, Excel-Tabellen mit Umfrageergebnissen, PDF-Dateien, Bilder, Website-Daten, Audio- oder Videoaufzeichnungen, SPSS-Datendateien, bibliografische Aufzeichnungen, Fokusgruppendiskussionen und sogar YouTube-Kommentare und Twitter-Daten – Sie können alles analysieren! […] Visualisieren Sie den Verlauf eines Interviews, vergleichen Sie Dokumente oder verwenden Sie Concept Maps, um Zusammenhänge in Ihren Daten zu visualisieren. So können Sie Muster und Beziehungen zwischen Codes identifizieren, Ihre Daten präsentieren oder diese weiter untersuchen" (MAXQDA 2022). Aufgrund des großen Potentials, das diese Software bietet, und der simplen Handhabung sowie speziellen Benutzung für Fokusgruppendiskussionen findet sie auch in der vorliegenden Arbeit Anwendung zur Codierung und Interpretation der Ergebnisse, die im Folgenden präsentiert und referiert werden.

5. Ergebnisse

5.1 Ergebnisdarstellung

In Bezug auf die Darstellung der Ergebnisse wird zunächst das verwendete Kategoriensystem vorgestellt (siehe Tabelle 2). Hier werden alle identifizierten Kategorien und Codes, sortiert nach der Häufigkeit der Nennung, zusammengetragen sowie in Arbeitsfelder und Berufsstatus unterteilt. Es gilt in der nachfolgenden Tabelle zu beachten, dass die jeweiligen Codes die einzelnen Unterkategorien darstellen. Daraus folgt die Zusammenfassung mehrerer Codes zu einer Kategorie. Somit sind diese als Oberbegriffe zu verstehen. Der ausführliche Kodierleitfaden, welcher neben den aufgezeigten Kategorien und Codes auch Erläuterungen sowie Beispiele hierzu beinhaltet, findet sich, wie bereits angedeutet, im Anhang (siehe 9.4).

Kategorien	Arbeitsbereiche	Erfahrungen mit VHT	Wirkungen	Grenzen	Positive Bilder	Einfluss auf die Praxis
Codes	Arbeitsfeld „Kindertagesstätte"	viel Erfahrung	Wirkungen auf Berufsanfänger*innen	technische Grenzen	erste Berührungspunkte	positiver Einfluss
		wenig Erfahrung	Wirkungen auf VHT-Professionals	zeitliche Grenzen	Merkmale	
		positive Erfahrung		rahmenbedingte Grenzen	Wirksamkeit	
				personelle Grenzen	Herausforderungen	
	Arbeitsfeld „Kinder- und Jugendhilfe"	viel Erfahrung	Wirkungen auf Berufsanfänger*innen	technische Grenzen	erste Berührungspunkte	Veränderungsprozesse
		wenig Erfahrung	Wirkungen auf VHT-Professionals	menschliche Grenzen	Merkmale	positiver Einfluss
		positive Erfahrung	Wirkungen auf Klient*innen	datenschutzrechtliche Grenzen	Wirksamkeit	kein Einfluss
		negative Erfahrungen		persönliche Grenzen	Herausforderungen	

● = Berufsanfänger*innen   ● = VHT-Professionals   ● = beide

Tabelle 2: Kategoriensystem (eigene Darstellung)

Die Ergebnisdarstellung erfolgt anfänglich indem die beiden untersuchten Arbeitsfelder separat beleuchtet werden. Darauf aufbauend findet anschließend eine Zusammenfassung der beiden Felder im Hinblick auf deren Gemeinsamkeiten aber auch Unterschiede statt, um aufschlussreiche Ergebnisse für und über diese beiden Arbeitsbereiche der Sozialen Arbeit liefern zu können.

5.1.1 Arbeitsfeld „Kindertagesstätte"

In der ersten Fokusgruppe arbeiten zwar alle Teilnehmenden in derselben Einrichtung, jedoch in unterschiedlichen Positionen und in unterschiedlichem Stundenumfang. Die Gruppe beinhaltet neben einer Auszubildenden und einer Studentin auch eine 100 Prozent- sowie eine 25 Prozent-Kraft.

5.1.1.1 Erfahrungen mit VHT

So verschieden wie die Arbeitsverhältnisse sind, sind auch die Erfahrungen mit VHT. Während die VHT-Professionals bereits seit mehreren Jahren mit VHT arbeiten, wie die folgende Aussage bestätigt: „[...] das war 2004 oder so, also (lacht) schon ein paar Jahre her, wo ich mich so auseinandergesetzt habe mit der ganzen Methode" (Kita, P1, Z. 53-54), hatten die Berufsanfänger*innen „bis vor einem Jahr von VHT jetzt auch nicht wirklich was gehört" (Kita, B1, Z. 92-93). Bekannter scheint dagegen die Methode Marte Meo zu sein, die zumindest im Studium angerissen wurde (Kita, B1, Z. 93-94). Dies mag daran liegen, dass sich Kindertageseinrichtungen, die diese Methode nutzen, des Öfteren auch als „Marte Meo KITA" (Marte Meo International 2020) bezeichnen. Einrichtungen, die hingegen mit VHT arbeiten, benennen sich in der Regel nicht explizit als solche. Demungeachtet sind die Erfahrungen der Befragten mit VHT einstimmig positiv. So berichten alle davon, wie viel ihnen die Methode mitgegeben hat (Kita, B2, Z. 133-134), wie einfach der Transfer in den Alltag geschieht (Kita, P2, Z. 161-162) und wie leicht und hilfreich der Umgang als Anleitung von Praktikant*innen mit diesem besonderen Arbeitsinstrument ist (Kita, P2, Z. 183).

5.1.1.2 Wirkungen

Das eben Genannte spiegelt sich ebenso in den genannten Wirkungen von VHT wider. Aufgrund der getätigten Äußerungen kann in Wirkungen auf die Persönlichkeits- und Identitätsbildung und in Wirkungen auf die Fähigkeiten der Berufsanfänger*innen unterschieden werden. Zu ersterer gehört die Änderung der Sichtweise auf sich selbst, „also sie wurde viel, viel POSITIVER, viel, viel WERTSCHÄTZENDER" (Kita, P2, Z. 194-195) sowie die Anerkennung der Ressourcen, weil „man sieht dann halt auch einfach, was für Ressourcen man eigentlich besitzt" (Kita, B2, Z. 214). Zu den beruflichen Fähigkeiten zählen die Stärkung der Empathie und des Einfühlungsvermögens gegenüber sich aber auch den Kindern (Kita, P1, Z. 224-227), da durch die Videoaufnahme die Möglichkeit besteht, „nochmal die Situation [...] herzuholen und nachzuempfinden, wie geht es mir, wie ging es dem Kind in dem Moment" (Kita, P1, Z. 226-227). Zudem stärkt die Methode laut den Befragten die Fähigkeit, zu reflektieren und miteinander in den Austausch zu treten (Kita, P1, Z. 228-230). Hinzu kommt die Schulung der Fremd- und Eigenwahrnehmung (Kita, P2, Z. 177) und die durch die Methode ausgelöste Sensibilisierung für Nuancen und Details (Kita, P2, Z. 195-196), die am Fokus auf die Kleinigkeiten in den Aufnahmen und Bildern festzumachen ist. Es wurden einige Berichte erstattet, in denen die Betroffenen sich in einer ganz anderen Weise in Erinnerung hatten und dann weitestgehend überrascht waren, sich in ebendieser Situation so positiv dargestellt zu sehen (z. B. Kita P2, Z. 172-182). Überdies wurde auch eine Wirkung auf die VHT-Professionals genannt: „Also sie meint, ich gehe viel bewusster in Teamsitzungen, ich kann die besser strukturieren, ich kann die besser begleiten. Ähm sie hat gemeint, ich kann auch besser Sachen zusammenfassen, ich kann besser zuhören, weil ich rede gerne" (Kita, P2, Z. 324-327).

5.1.1.3 Grenzen

Um die weiteren Erfahrungen der Teilnehmenden in Kenntnis zu bringen, wurde im Anschluss nach den bisher erfahrenen Grenzen der Methode gefragt. Den Interviewten fielen an dieser Stelle eine Reihe von Problematiken und Schwierigkeiten mit VHT ein. Allen voran wurden hier zeitliche Grenzen genannt. Zum einen wurde hier die zeitliche Begrenzung, die mit der Absolvierung eines zwölfwöchigen Praktikums automatisch gegeben sind, genannt (Kita, B1, Z. 151-156). Zum anderen die Zeit für diese intensive Methode zu haben, zu der neben dem Filmen ebenso die Auswertung und die gemeinsamen Rückschauen gehören, für die sich beide Parteien gleichermaßen Zeit nehmen müssen (Kita, P2, 287-292). Zeit, ein Schlagwort, dessen Inhalt in Kindertageseinrichtungen aus eigener Erfahrung aufgrund von Personalmangel selten ausreichend gegeben ist. Hieraus resultieren ergänzend die personellen Grenzen, die dazu führen, dass die Berufsanfänger*innen ihre eigenen Prozesse teilweise selbst filmen müssen und diese nicht wie es bei VHT üblich ist, von den VHT-Professionals gefilmt werden können (Kita, B2, Z. 264-267). Daneben existieren technische Grenzen, „weil dann ist oft mal die Kamera nicht voll aufgeladen [...] oder sie hat gerade jemand anderes oder man ist in einem anderen Raum und kommt dann gar nicht so schnell zu der Kamera, dann ist die Situation schon wieder vorbei" (Kita, B2, Z. 274-277) und häufig damit verbundene rahmenbedingte Grenzen, die in einigen sozialen Einrichtungen vorstellbar sind: Die perfekte Situation zum Filmen sowie die perfekte Position der Kamera müssen abgepasst und gefunden werden, was im Gruppenalltag mit zwanzig anderen Kindern im Raum oftmals nicht einfach ist, vor allem wenn diese die Kamera so interessant finden, dass an ein Aufnehmen der Situation nicht im Geringsten gedacht werden kann (Kita, B2, Z. 248-255).

5.1.1.4 *Positive Bilder*

Ein zentraler Aspekt in dieser Arbeit ist die Kategorie der *Positiven Bilder*. Die Befragten beschreiben ihre ersten Berührungspunkte mit dieser Säule des VHT zunächst als seltsam und gewöhnungsbedürftig. Oft sind sie es nicht gewohnt, sich selbst auf einem längeren Video zu sehen, bei dem die Kamera kontinuierlich auf sie gerichtet ist. Das ruft daher anfangs zum größten Teil Unwohlsein sowie ein seltsames Gefühl hervor. Grund hierfür ist häufig die eigene Selbstkritik (Kita, B2, Z. 397-404). Dieser Punkt sollte im besten Fall während der weiteren VHT-Prozesse abgebaut werden. Mit Erfolg, wie die Berufseinsteiger*innen in den Fokusgruppendiskussionen beteuern: „Aber je öfters man es einfach gemacht hat, hat man sich auch daran gewöhnt, sich so zu sehen" (Kita, B1, Z. 448-449). Diese Wendung lässt sich auf die Merkmale der *Positiven Bilder* zurückführen, die die Interviewten im Arbeitsfeld „Kita" als ressourcen- und stärkenorientiert einstufen. Bilder können angeschaut werden. Sie können bis ins kleinste Detail betrachtet und analysiert werden. Situationen, die bereits vergangen sind, können nochmals in Erinnerung gerufen werden und ein Gespräch darüber kann entstehen (Kita, B2, Z. 420-423).
Bezüglich der Wirksamkeit der *Positiven Bilder* sind sich alle Beteiligten einig: Die Bilder wirken erstens persönlichkeits- sowie identitätsbildend, indem sie Gefühle von „Stolz" (Kita, B1, Z. 529) und „Freude" (Kita, P2, Z. 544) beim Anschauen hervorrufen. Darüber hinaus motivieren die Bilder durch ihre Positivität, weiter an sich zu arbeiten und dranzubleiben (Kita, B1, Z. 589-592) und sie stärken die Selbstsicherheit der Berufseinsteiger*innen, was insbesondere im Gruppengeschehen oder Kinderkonferenzen hilfreich und erforderlich ist (Kita, B1, Z. 644-645). Zweitens bilden sie laut den Befragten die Professionalität und Fachlichkeit aus. Sie geben an, dass die Sichtweise auf die Kinder zum Positiven verändert und der daraus resultierenden Beziehungsaufbau erleichtert wird (Kita, B2, Z. 614-618). Zudem stellt sich relativ schnell ein Lernerfolg ein, der die Förderung der Interaktionsfähigkeit und weiterer pädagogischer Fähigkeiten (Kita, B1, Z. 527-532) sowie die Stärkung der Empathie und des Einfühlungsvermögens beinhaltet (Kita, P1, Z. 224-227). Sowohl die Berufsanfänger*innen als auch die VHT-Professionals sprechen in diesem Zusammenhang auch von einem Selbstlernerfolg. Die Studierenden und Auszubildenen würden selbstständig auf die Themen kommen, an denen sie noch arbeiten möchten (Kita, B2, Z. 561-566). Und drittens sind sie teambildend. Im gesamten Team schien sich durch die Positivität der Bilder eine Verbesserung des Arbeitsklimas einzustellen: „Es macht ein ganz, viel besseres Arbeitsklima. Also wenn ich mit meiner Azubine dasitze und ich kann nur über schöne, positive Dinge reden, ähm habe ich ein viel besseres Gefühl, wie wir nachher auseinandergehen, wie wenn ich dasitze und sage, das machst Du scheiße

und das ist blöd und das ist blöd" (Kita, P2, Z. 570-574). Gleichzeitig wurde ein besserer Umgang miteinander innerhalb der Kindertageseinrichtung festgestellt, da versucht wird, das Gegenüber besser zu verstehen und zu akzeptieren (Kita, B2, Z. 634-637).

Mögliche Gründe für die Wirksamkeit der *Positiven Bilder* sehen die Teilnehmenden der Fokusgruppendiskussion auf jeden Fall in den gegebenen Vorteilen und der Positivität: „Also es geht gar nicht um die Schwächen also die sogenannten Schwächen, sondern es geht halt um das, was man kann und ich glaube, das hilft extremst, weil es ja positives Feedback ist und Möglichkeiten, sich zu verbessern und nicht unbedingt, was kannst Du nicht [...]" (Kita, B2, Z. 422-425). Letztlich geht es also um Ressourcenorientierung und das Bewusstwerden von Stärken und Fähigkeiten. Diese sollen zeigen, was bereits an Kompetenzen vorhanden ist, um weiter daran arbeiten zu können, sie auszubauen, zu erweitern und im Arbeitsalltag anzuwenden. Ein weiterer wichtiger Faktor für die Wirksamkeit der *Positiven Bilder* und VHT im Allgemeinen ist die Anleitung also der*die ausgebildete VHT-Professional. Diese*r ermöglicht nicht nur die Reflexion und den Austausch (Kita, B1, Z. 644-646), sondern muss mit seiner*ihrer Arbeitsweise die Bilder finden und zusammenschneiden, die ausschließlich positive Situationen aufzeigen, um sie sodann den Berufsanfänger*innen in der gemeinsamen Rückschau als „Geschenk zu überreichen" (Kita, P2, Z. 538-539). Auch die Vermittlung der positiven Inhalte muss daher gelernt werden. Hinzu kommt die Visualisierung der eigenen Kompetenzen und Stärken. Diese ermöglicht ein detailliertes Betrachten der Situation und schafft gemäß einem VHT-Professional somit Nachhaltigkeit: „[...] ich habe auch den Eindruck, dass das viel länger bleibt und auch im Nachhinein dann immer wieder auch das Gespräch dann da davon ist" (Kita, P2, Z. 574-576).

Trotz der überaus positiven Kommentare zu den *Positiven Bildern* fallen den Befragten während des Gesprächs auch einige Herausforderungen hierzu ein. Allem voran bleiben die eigenartige und neue Selbstwahrnehmung und die häufig damit verbundene Selbstkritik, „weil ich glaube, so ähm sich selbst so zu sehen und so wahrzunehmen, auch so objektiv wahrzunehmen, das ist schon ECHT schwierig manchmal, weil ich glaube, mit sich selbst ist man meistens kritischer als mit anderen und dann sieht man alle möglichen Kleinigkeiten und denkt sich, oh Gott, warum habe ich das gesagt [...]" (Kita, B2, Z. 400-404). Dies führt nicht selten dazu, dass es den Berufs-einsteiger*innen schwerfällt, das Positive zu sehen und sich auf ihr eigenes Handeln zu fokussieren (Kita, P1, Z. 483-484). Daneben besteht die Gefahr, „dass man vom Kleinsten ins Kleinste kommt. Also durch das, dass man immer wieder Stopp drücken kann oder Pause drücken kann, sieht man da eine Bewegung, da irgendwas, der guckt hier, irgendeinen Ton und dann man kann im Grunde genommen, wenn man mal sagt fünf Minuten Video hat, kann man gefühlt bestimmt zehn Stunden drüber sprechen" (Kita, P2, Z. 306-310). Dabei kann es passieren, dass sich die Teilnehmenden in den Einzelheiten verstricken, „in dieses Einzelne immer weiter, tiefer gehen und sich in diesen Details zerfasern" (Kita, B2, Z. 603-604), sodass erneut der grenzwertige Zeitaspekt in den Vordergrund rückt.

5.1.1.5 Einfluss auf die Praxis

Bei der Frage nach dem Einfluss von VHT auf die Praxis wurden ausschließlich positive Aspekte berichtet. Dies belegen Aussagen wie „[…] ich habe schon immer sehr viel auf der nonverbalen Ebene mit den Kindern eigentlich kommuniziert […], aber das wurde mir einfach dadurch nochmal viel bewusster. Und ich habe es dann auch viel bewusster angewendet in Situationen […]. Einfach um den Kindern da auch nochmal hauptsächlich auch die Nähe zu signalisieren oder dass man das Kind halt wahrnimmt" (Kita, B1, Z. 360-368) und „Ich kann die Situation bewusst steuern oder auch nicht steuern, lenken oder mich lenken lassen und das hilft dann halt extremst, weil ich dann drüber nachdenke, worüber wir gesprochen haben, was so meine Schwierigkeiten waren. Und dann kann ich halt genau gucken, okay, vielleicht kann ich es dieses Mal so machen, wie wir es da besprochen hatten oder vielleicht finde ich eine andere Lösung als die Reaktion, die ich vorher hatte […]" (Kita, B2, Z. 385-391). Insbesondere das Betrachten der eigenen Person in den Videoaufnahmen, wenn die anfängliche Skepsis genommen wurde, und das Reflektieren sowie der Austausch über die jeweilige Situation scheinen den Berufsanfänger*innen dabei zu helfen, das, was sie in den Rückschauen lernen, in den Alltag zu transferieren und dort anzuwenden.

5.1.2 Arbeitsfeld „Kinder- und Jugendhilfe"

Die Teilnehmenden der zweiten Fokusgruppendiskussion stammen allesamt aus dem Bereich der Kinder- und Jugendhilfe. Eine von ihnen ist als Teil der stationären Hilfe in einer Wohngruppe tätig, während die anderen drei an einem *Sonderpädagogischen Bildungs- und Beratungszentrum* (SBBZ) arbeiten oder während ihres Studiums im Rahmen eines Praktikums gearbeitet haben. Unterschiede in den Arbeitszeiten existieren in dieser Gruppe nicht, da alle Vollzeit beschäftigt sind oder waren.

5.1.2.1 Erfahrungen mit VHT

In Bezug auf die Menge an Erfahrungen mit VHT gleicht das Arbeitsfeld „Kinder- und Jugendhilfe" dem der „Kindertagesstätte". Die VHT-Professionals zeichnen sich durch viele Erfahrungen zunächst vor der Kamera und seit einiger Zeit auch hinter der Kamera aus. Beide befinden sich in der Ausbildung zum VHT-Coach und praktizieren VHT mit Berufsanfänger*innen, Kindern, Jugendlichen und Eltern bereits seit einigen Jahren (Kinder- und Jugendhilfe, P2,

Z. 51-54). Die Berufsanfänger*innen hingegen haben noch sehr wenige Erfahrungen mit VHT sammeln können. Diese bestehen aus jeweils drei Aufnahmen und drei Rückschauen seit Oktober letzten Jahres (Kinder- und Jugendhilfe, B1, Z. 120, 180-181). Dass die befragten Studentinnen daher noch recht wenig über VHT wissen zeigt sich auch in Aussagen wie: „habe dann jetzt zum ersten Mal das mit dem Video-Dings-Bums gemacht" (Kinder- und Jugendhilfe, B1, Z. 29-30). Widersprüchliche Auffassungen herrschen dagegen hinsichtlich der Erfahrungsbewertungen. Zwar beschreiben die meisten die Methode als „gut und hilfreich" (Kinder- und Jugendhilfe, B1, Z. 155). Es wurden positive Momente und Handlungsweisen gezeigt, an die die Berufsanfänger*innen sich nicht mehr erinnern konnten und die sie mithilfe von VHT und ihrer Anleitung in der nächsten Praxiserfahrung erneut einsetzen konnten. Dem widerspricht allerdings die Aussage einer VHT-Professional, die zumindest zu Beginn ihrer Arbeit mit VHT negative Erfahrungen schildert, die beinahe dazu geführt hätten, sich nicht weiter damit zu beschäftigen: „Ich fand das total spannend und habe mich dann aber nie getraut. Also ich hatte halt keine Ahnung von Technik und diese Vorstellung mit der Kamera irgendwas aufzunehmen war für mich viel zu groß, also ja, war für mich nicht vorstellbar" (Kinder- und Jugendhilfe, P1, Z. 92-95). Es ist anzunehmen, dass sich vor allem zu Beginn ihrer Beschäftigung mit VHT einige potenzielle Anwender*innen durch die technischen Voraussetzungen abschrecken lassen.

5.1.2.2 Wirkungen

Zu den Wirkungen auf Berufsanfänger*innen können die Befragten wiederum einige wesentliche Gesichtspunkte nennen. Auch hier liegt der Fokus zunächst auf der Persönlichkeits- und Identitätsbildung: VHT weckt Leidenschaft, belebt und steckt an (Kinder- und Jugendhilfe, P2, Z. 190-192), ist selbstwertstärkend (Kinder- und Jugendhilfe, P1, Z. 280-281) und kraftgebend (Kinder- und Jugendhilfe, P1, Z. 218-219). Ferner ist die Methode laut einer VHT-Professional, die in ihren Anfängen selbst mit VHT begleitet wurde, „für das EIGENE Gefühl, für die EIGENE Sicherheit total hilfreich" (Kinder- und Jugendhilfe, P1, Z. 548-549) und stärkt sowie bereichert die Nutzer*innen ungemein (Kinder- und Jugendhilfe, P2, Z. 559-561). Zu den Wirkungen auf die Fähigkeiten der Berufsanfänger*innen gehören für die Proband*innen unter anderem die Stärkung der Reflexionsfähigkeit (Kinder- und Jugendhilfe, B1, Z. 160) sowie die Beibehaltung einer positiven und ressourcenorientierten Haltung (Kinder- und Jugendhilfe, P2, Z. 771-774). Ein weiterer wichtiger Punkt kommt von einer VHT-Professional, die die unterschiedliche Herangehensweise von VHT lobt, da „man die Bedürfnisse in den Vordergrund stellt oder das Verstehen von Prozessen in den Vordergrund stellt" (Kinder- und Jugendhilfe, P1, Z. 841-843). Außerdem stärkt die Methode durch die gemeinsamen Rückschauen die Teamarbeit und hilft dabei, in den Austausch über die eigenen Fähigkeiten und Kompetenzen zu gelangen (Kinder- und Jugendhilfe, B1, 268-273) sowie „eigene Probleme oder wo man selber Probleme sieht, ähm anzusprechen und dann halt auch von den anderen Tipps zu bekommen" (Kinder- und Jugendhilfe, B1, Z. 275-276). Eine VHT-Professional behauptet zudem, dass „VHT auch hilft, irgendwie so den Blick zu schärfen ähm und irgendwie so ein bisschen so den Prozess der Sensibilisierung [...] ein bisschen fördert" (Kinder- und Jugendhilfe, P2, Z. 293-295). Des Weiteren wurden Wirkungen auf die berufliche Entwicklung der Berufseinsteiger*innen genannt. Diese reichten von Erzählungen über die berufliche Entwicklungsförderung (Kinder- und Jugendhilfe, P1, Z. 537-539) über Feststellungen zur Förderung der allgemeinen Fachlichkeit und Bewahrung einer „professionellen Haltung" (Kinder- und Jugendhilfe, P2, Z. 186-187) hin zu Aussagen über die Qualifizierung von neuen Fachkräften (Kinder- und Jugendhilfe, P1, Z. 198-199).

Daneben wurden auch in dieser Gruppe Wirkungen auf VHT-Professionals angeführt. Diese ähneln in einiger Hinsicht denen der Berufsanfänger*innen. Aus den Beschreibungen der VHT-Professionals wird ersichtlich, dass es für alle Beteiligten auf der einen Hand teambildend ist (Kinder- und Jugendhilfe, B1, 268-273) und auf der anderen den Blick für das Wesentliche schärft (Kinder- und Jugendhilfe, P2, Z. 301-303). Hinzu kommt, dass der Beziehungsaufbau zum*r Praktikant*in, Studierenden oder Auszubildenden mithilfe von VHT erleichtert und verbessert werden kann, da sich die Betroffenen gemeinsam an einen Tisch setzen und intensiv über die Videoaufnahmen und die Anliegen der Berufsanfänger*innen sprechen können (Kinder- und Jugendhilfe, P2, Z. 248-249). Gleichzeitig berichteten die Befragten von Wirkungen auf ihre Klient*innen also die Kinder und Jugendlichen. Eine VHT-Professional bemerkt beispielsweise, „wie viel das mit dem Selbstwertgefühl macht von den Kindern. Und wie ja, wie viele Fähigkeiten einfach aufgedeckt werden und das einfach bestärkend ist" (Kinder- und Jugendliche, P2, Z. 511-512). Dennoch gibt es immer wieder Kinder, die die Methode nicht so annehmen, wie dies von den Erwachsenen erhofft wird. Grund hierfür scheint ein negatives Selbstbild zu sein. Nichtsdestotrotz spielt auch hier der positive Ansatz der Methode eine wichtige Rolle für die Änderung dieses Selbstbildes und die Wirkungsweise der Methode auf die Kinder und Jugendlichen, die hierdurch Selbstannahme und -akzeptanz erfahren (Kinder- und Jugendhilfe, P1, Z. 281-291).

5.1.2.3 Grenzen

Auch in dieser Fokusgruppe zählten die Teilnehmenden einige Grenzen von VHT auf. Neben technischen Herausforderungen wie „das ganze Equipment" (Kinder- und Jugendhilfe, P2, Z. 308), zu dem „eine Kamera [...] und [...] ein Mikrofon [...], damit man auch irgendwie je nach dem auch den Ton besser hört" (Kinder- und Jugendhilfe, P2, Z. 309-310) gehört, werden Fragen des Datenschutzes, die in Sachen Videoaufnahmen und Weiterverarbeitung der selbigen in aller Regel zum Tragen kommen und mit viel Bürokratie einhergehen, diskutiert (Kinder- und Jugendhilfe, P2, Z. 340-342). Zusätzlich gibt es gemäß den Proband*innen menschliche Hürden, die sich exemplarisch in den eigenen Fähigkeiten und Kenntnissen der VHT-Professionals wiederfinden können. VHT-Coaches müssen ein hohes Maß an Wissen und Können aufweisen, um die Gefilmten gut und erfolgreich durch die Rückschauen führen zu können. Während des Gesprächs wurde deutlich, dass die Berufsanfänger*innen die wertschätzende und positive Haltung ihrer Anleitung als unbedingt notwendig für einen ertragreichen VHT-Prozess erachten (Kinder- und Jugendhilfe, B2, Z. 905-912). Die VHT-Professionals berichten diesbezüglich selbst von einem Lernprozess, der einige Monate oder sogar Jahre betrug und in einigen Punkten teilweise immer noch nicht vollständig abgeschlossen ist (Kinder- und Jugendhilfe, P1, Z. 415-418). Einer Berufsanfängerin ist es weiterhin ein Anliegen, dass die persönlichen Grenzen der Gefilmten und vor allem der „Hintergrundakteur*innen" also der Kinder und Jugendlichen eingehalten und nicht überschritten werden dürfen, „weil für die ist das dann nachher, da existiert ein Video von mir. Ich weiß vielleicht selber nicht so genau, was ich da gesagt habe, wie ich da drauf bin und ich weiß auch nicht, was mit dem Video passiert, weil da muss auch Vertrauen dann da sein" (Kinder- und Jugendhilfe, B1, Z. 333-336). Insbesondere für die älteren Kinder und Jugendlichen könnte dies eine Hürde darstellen, die aufgegriffen und gegebenenfalls besprochen werden muss, bevor gefilmt werden kann. Hier lässt sich wiederum eine Parallele zum Datenschutz ziehen. Die Einverständniserklärung der Eltern und mitunter der Jugendlichen sollte in jedem Fall vorliegen, bevor die Kamera in die Hand genommen wird.

5.1.2.4 *Positive Bilder*

Beim ersten Zusammentreffen mit VHT waren für die Berufsanfänger*innen in dieser Fokusgruppe nicht nur die *Positiven Bildern* zunächst noch völlig unbekannt, denn „dadurch, dass es jetzt so das erste Praxissemester war, in dem man so das erste Mal auch wirklich analysiert wurde, hat man ja das ERSTE Mal auch wirklich Rückmeldung bekommen, deshalb war für mich alles neu" (Kinder- und Jugendhilfe, B2, Z. 446-448). Beim Filmen der Situationen äußerten die Studentinnen unterschiedliche Erfahrungen. Während die erste sich bei der ersten Aufnahme sichtlich unwohl damit fühlte und sich verstellte, damit die Kamera sie gut einfangen konnte (Kinder- und Jugendhilfe, B1, Z. 605-609), vergaß die andere recht zügig, dass sie gefilmt wurde, und handelte intuitiv wie in jeder anderen Situation (Kinder- und Jugendhilfe, B2, Z. 634-635). Sich jedoch in den Rückschauen zu sehen, war für beide überaus „seltsam" (Kinder- und Jugendhilfe, B1, Z. 602), wie sie betonen, denn „da musste man erst reinkommen, so. Ah, okay so stehe ich gerade da und so bewege ich mich gerade und so spreche ich (lächelnd), okay. Das war kurz verwirrend, aber dann kam man auch schnell rein und dann ging es auch voll" (Kinder- und Jugendhilfe, B2, Z. 640-644). Dass sie sich nach einiger Zeit daran gewöhnt hatten, sich selbst anzuschauen, lag auch hier mitunter wieder an den Merkmalen der *Positiven Bilder*. Die Bilder und Aufnahmen zeigen exakt das, was getan und teilweise gesagt wurde, beschränken sich dabei aber auf alle positiven Aspekte und Handlungen (Kinder- und Jugendhilfe, P2, Z. 575-577). Bedeutungsvoll ist in diesem Zusammenhang ebenso die Schilderung einer VHT-Professional, die diese ganz pragmatisch charakterisiert: Es „[…] gibt […] einfach positive Bilder und die kann man ausdrucken und an die Wand hängen. Ich finde das ist immer sehr bestärkend" (Kinder- und Jugendhilfe, P2, Z. 796-797).

Bestärkend ist daher nur ein Begriff, der hinsichtlich der persönlichkeits- und identitätsbildenden Wirksamkeit der *Positiven Bilder* genannt wurde. Weitere Begriffe sind: „bereichernd" (Kinder- und Jugendhilfe, P2, Z. 582), „wertschätzende Bestärkung" (Kinder- und Jugendhilfe, B1, Z. 587), „Freude und Stolz auf jeden Fall, aber auch Erleichterung" (Kinder- und Jugendhilfe, P1, Z. 652), „kraftgebend, energiegebend […] sowie lustmachend" (Kinder- und Jugendhilfe, P1, Z. 808) und „neugierig" (Kinder- und Jugendhilfe, B1, Z. 326). Hinzu kommt, dass das Anschauen der und Sprechen über die *Positiven Bilder* und Aufnahmen die „Selbstzufriedenheit" (Kinder- und Jugendhilfe, P1, Z. 657) stärkt und für die weitere Arbeit motiviert (Kinder- und Jugendhilfe, P1, Z. 686-688), indem das gezeigt wird, was bereits gut läuft und was mit ziemlicher Sicherheit auch in den nächsten Praxiseinheiten gut laufen wird. Hinzu kommt, dass die *Positiven Bilder* der VHT-Methode zur Professionalitätsbildung beitragen. Den Befragten zufolge geschieht dies durch die Förderung von pädagogischen Fähigkeiten wie die zum Fühlen von Empathie oder Kommunizieren (Kinder- und Jugendhilfe, P1, Z. 18-19) sowie die Ankurbelung von Lernprozessen bei den Berufsanfänger*innen (Kinder- und Jugendhilfe, P2, Z. 798-799). Die Gründe hierfür sind laut den Befragten ähnlich wie bei der ersten Fokusgruppendiskussion die Positivität, die eine beachtliche Rolle für die Wirksamkeit der Bilder spielen. Dazu zählt unter anderem auch das positive Feedback, das wiederum mit einer ressourcenorientierten, warmen und wertschätzenden Haltung einhergeht (Kinder- und Jugendhilfe, P1, Z. 789-791). Für die Proband*innen beweisen und bestärken die Positiven Bilder, dass der*die Gefilmte gut ist, in dem, was er*sie macht (Kinder- und Jugendhilfe, P2, Z. 702). Darauf kann anschließend aufgebaut werden und die bereits vorhandenen Fähigkeiten können weiter ausgebaut werden. Da das Betrachten der *Positiven Bilder* gemäß einer Berufseinsteiger*in auch immer eine Form von Neugierde verursacht (Kinder- und Jugendhilfe, B1, Z. 326), kann dies bei der beruflichen Weiterentwicklung und den Lernprozessen unterstützen. Obendrein steht auch für diese Fokusgruppe der Auftrag der VHT-Professionals im Vordergrund (Kinder- und Jugendhilfe, B2, Z. 905-914). Die Anleitung ermöglich durch ihre Arbeit und ihr Handeln die Reflexion am eigenen Beispiel (Kinder- und Jugendhilfe, B1, Z. 160) und ist für die Teamarbeit und den Austausch verantwortlich (Kinder- und Jugendhilfe, P1, Z. 228-229). Ein weiterer genannter Punkt ist das Fehlen von Hierarchien, das den Beteiligten sehr positiv in Erinnerung ist: „Wir sind auf Augenhöhe. Hier ist überhaupt nichts hierarchisch oder ich bin der Experte und du nicht, sondern es ist, wenn dann andersrum" (Kinder- und Jugendhilfe, P2, Z. 745-747). Letztlich ist ein weiterer wichtiger Bestandteil der *Positiven Bilder* aber auch die Visualisierung. Das detaillierte Betrachten der eigenen Arbeit und der gelungenen Momente sind im Grund handfeste und visualisierte Beweise für die eigenen Stärken, die sowohl stärken als auch den professionellen Charakter prägen können (Kinder- und Jugendhilfe, B1, Z. 527-531). Ferner kann hierdurch ein „Fokus" (Kinder- und Jugendhilfe, B1, Z. 713), an dem gearbeitet werden soll, gesetzt werden, um zu ergründen, was in dieser als schwierig empfundenen Situation bereits gut lief, um die Reaktionsweise(n), die in diesem Moment abgerufen wurden, in ähnlichen Situationen wiederholen zu können (Kinder- und Jugendhilfe, B1, 712-717).

Die genannten Herausforderungen dieser Fokusgruppe beziehen sich abermals auf das Gefilmt werden beziehungsweise das Betrachten von sich selbst in den Rückschauen. Eine VHT-Professional, die in ihrem dualen Studium selbst zu Beginn einige VHT-Prozesse absolvierte, verweist zum Beispiel auf ihre anfängliche Eitelkeit vor der Kamera, um im Anschluss auf den Videos und Fotos gut auszusehen. Nach einiger Zeit merkte sie jedoch, dass es in der Rückschau weder um ihre Kleidung noch ihr Make-Up oder ihre Haare geht, sondern um das, was als gelungene Verhaltensweisen oder Interaktionsansätze bezeichnet werden kann, sodass sie diese selbstbetitelte „Hürde" (Kinder- und Jugendhilfe, P2, Z. 633) schnell überwinden konnte (Kinder- und Jugendhilfe, P2, Z. 627-633).

5.1.2.5 Einfluss auf die Praxis

Beim Versuch der Anwendung des Gelernten auf die Praxis stellten sowohl die VHT-Professionals als auch die Studentinnen einige Veränderungsprozesse bei sich fest, die noch immer nicht abgeschlossen sind. So beschreibt beispielsweise eine Probandin: „In der Lehrerausbildung bekommt man gesagt, dass man auf gar keinen Fall die Antworten der Schüler*innen wiederholen darf […], weil man dadurch die Antworten der Kinder abwertet, wenn man es wiederholt, müssen die es ja nicht selber gesagt haben […] und das ist für mich so glaube ich ähm (...) so der erste große Umdenkprozess gewesen, […] wie wichtig es ist, die Äußerungen der Kinder zu wiederholen" (Kinder- und Jugendhilfe, P1, Z. 385-391). Ein weiterer Aspekt, den vor allem die Berufseinsteiger*innen nennen, ist die Notwendigkeit zu lernen, sprachlich auf die Kinder einzugehen, das Tempo zu reduzieren und bewusst auf den Lernprozess der Kinder zu achten (Kinder- und Jugendhilfe, B2, Z. 456-459). Dabei wurde einer Probandin bewusst, dass es zunächst „diese großen Dinger [waren], wo man dachte, ah okay, gut, das habe ich schon und daran kann ich aufbauen" (Kinder- und Jugendhilfe, B2, Z. 460-461). Dies führte schließlich zu einem positiven Einfluss auf die Praxis wie zum Beispiel das Bewusstwerden und intensivere Achten auf die Körpersprache wie Gestik und Mimik, um diese gezielter einsetzen zu können (Kinder- und Jugendhilfe, P2, Z. 420-421). Außerdem unterstützen die *Positiven Bilder* und Aussagen dabei, den Blick auf etwas Positives im Alltag zu richten und ebenso die Kinder und Kolleg*innen wahrnehmend und wertschätzend zu behandeln (Kinder- und Jugendhilfe, P2, Z. 426-428). Eine der VHT-Professionals war sich jedoch hinsichtlich der Wirkung von VHT sowie dessen Einflusses auf die Praxis nicht ganz sicher. Als angehende VHT-Trainerin ist sie zum einen der festen Überzeugung, dass sie bereits vor dem Beginn ihrer Ausbildung nie defizit-, sondern ressourcenorientiert und wertschätzend geleitet und ausgebildet hat (Kinder- und Jugendhilfe, P1, Z. 833-836). Im Rahmen der Anleitung ihrer derzeitigen Zöglinge kann sie zum anderen nicht mit endgültiger Bestimmtheit sagen, dass diese sich ausschließlich aufgrund und mithilfe der VHT-Methode beziehungsweise deren Wirkfaktoren auf diese positive Weise entwickelt haben, wie sie es zu diesem Zeitpunkt bereits hatten. Zweifelsfrei lässt sich diesbezüglich festhalten, dass „das Praktikum ja eh dazu dient, um sich zu entwickeln […]. Deswegen finde ich es da jetzt schwierig zu sagen, dass Ihr Euch ohne VHT weniger gut entwickelt hättet. Also so meine ich ja, also Ihr habt da einfach schon ganz viel mitgebracht. Da habt Ihr einfach, das war ja von Anfang an GUT" (Kinder- und Jugendhilfe, P1, Z. 543-547). Daher ist es unweigerlich nachvollziehbar, dass „man das ganz schwer sagen kann" (Kinder- und Jugendhilfe, P1, Z. 543). Nichtsdestotrotz sind sich alle Teilnehmenden dieser Fokusgruppendiskussion einig, dass VHT und der Wirkfaktor der *Positiven Bilder* das Selbstwertgefühl stärken und dabei helfen können, „schneller einen Fuß auf den Boden für sich gedanklich […] [zu bekommen] und dadurch vielleicht manche Prozesse beschleunigt wurde[n]" (Kinder- und Jugendhilfe, P1, Z. 549-551).

5.1.3 Zusammenfassung

Die Befragungen der beiden Fokusgruppendiskussionen ergaben im Großen und Ganzen einen Konsens. Beide Gruppen strahlten eine enorme Begeisterung hinsichtlich der videobasierten Methode VHT aus und erzählten von überwiegend positiven Erfahrungen damit. So zählten sie auf der einen Seite unzählige Wirkungen auf, die sie während der VHT-Prozesse ausmachen konnten. Auf der anderen Seite nannten sie allerdings auch einige Grenzen der Beratungsmethode. Dabei richtete die „Kinder- und Jugendhilfe"-Gruppe ihren Blick eher auf menschliche und eigene Grenzen, während die Fokusgruppe „Kindertagesstätte" die Grenzen der Methode hauptsächlich in technischen, zeitlichen sowie rahmenbedingten Konstanten identifizierte. Gewiss lässt sich die Frage nach den Grenzen neben einer Einrichtungs- sowie Personalabhängigkeit auch von anderen Faktoren beeinflussen, sodass eine pauschale Übertragung auf alle Einrichtungen aus diesem Arbeitsfeld nicht möglich ist. Darüber, dass die Wirkungen und Effekte von VHT die Grenzen überwiegen, waren sich die Befragten jedoch durchweg einig. Die Gruppe „Kinder- und Jugendhilfe" fokussierte sich in ihren Ausführungen nebenbei bemerkt zusätzlich auf die Wirkungen von VHT auf die zu betreuenden Kinder und Jugendlichen und „wie viel das mit dem Selbstwertgefühl macht von den Kindern" (Kinder- und Jugendhilfe, P2, Z. 511).

Die nachfolgende Abbildung 8 aus *MAXQDA* zeigt deutlich, dass sowohl im Arbeits-feld „Kindertagesstätte" als auch im Arbeitsfeld „Kinder- und Jugend-hilfe" die Wirkungen auf Berufsanfänger*innen sowie die Wirksamkeit der Positiven Bilder eine große Bedeutung für die Befragten spielte. Dies könnte allerdings mitunter der Tatsache geschuldet sein, dass insgesamt viele Fragen zu diesen Punkten gestellt wurden. Nichtsdestotrotz konnte während beider Fokusgruppendiskussionen eine gewisse Leidenschaft für VHT sowie übermäßige Freude über dessen Ansatzpunkte und Methodik festgestellt werden. Die Teilnehmenden wiederholten mehrfach, wie positiv und motivierend sie die Methode empfinden würden und welche Fortschritte die Berufsanfänger*innen mithilfe von VHT bereits verzeichnen konnten.

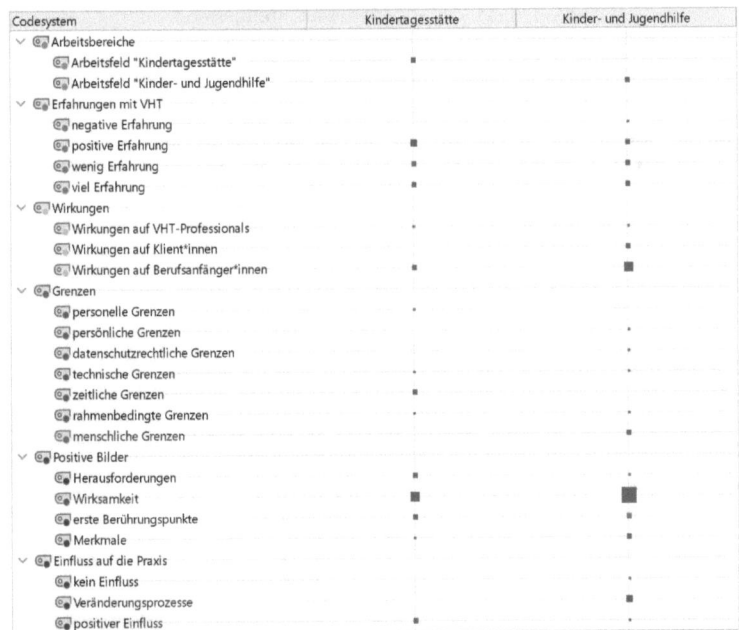

Abbildung 8: Häufigkeit der Nennung der Codes (entnommen aus *MAXQDA*)

Zur besseren Darstellung der Ergebnisse wurden daher die Kategorien mit den zugehörigen Codes „Wirkungen: Wirkungen auf Berufsanfänger*innen" und „Positive Bilder: Wirksamkeit", die sicherlich am meisten zur Beantwortung der Forschungsfrage beitragen können, intensiver analysiert und tabellarisch dargestellt (siehe Anhang 9.5). Anhand dieser Ergebnisse lässt sich belegen, dass beide Arbeitsfelder einen großen Nutzen in der Anwendung von VHT für Berufsanfänger*innen wie Studierende oder Auszubildende sehen. Die Arbeitsfelder „Kindertagesstätte" sowie „Kinder- und Jugendhilfe" beschreiben gleichermaßen Wirkungen und Erfolge wie die Stärkung des Selbstwertgefühls, die Sensibilisierung für bestimmte Nuancen und die Ausbildung einer professionellen Haltung. Somit entstehen in beiden Bereichen persönlichkeitsbildende Wirkungen sowie Wirkungen auf Fähigkeiten, die im beruflichen Kontext benötigt werden. Die Befragten im Feld „Kinder- und Jugendhilfe" betonen darüber hinaus die Möglichkeit der Berufseinsteiger*innen, sich hinsichtlich ihrer beruflichen Fähigkeiten weiterzuentwickeln. Nichtsdestotrotz drückte sich eine der VHT-Professionals teilweise kritisch bezüglich der Wirkweisen der Methode aus, indem sie davon ausging, dass die Studierenden auch ohne diese oder eine andere videobasierte Beratungsmethode zu ihrer jetzigen professionellen und ressourcenorientierten Haltung gekommen wären, da sie bereits einige Fähigkeiten und Kenntnisse sowie Motivation in ihr Praktikum miteinfließen lassen konnten. Ungeachtet dieser Tatsache kann dennoch zusammengefasst werden, dass VHT in jedem Fall „kraftgebend, energiegebend […] sowie lustmachend" (Kinder- und Jugendhilfe, P1, Z. 808) ist und die Persönlichkeit der Einsteiger*innen in den Beruf stärkt. Über die berufliche Entwicklung sowie Qualifizierung von Fachkräften mit und durch VHT herrscht demnach also offensichtlich noch Uneinigkeit unter den Befragten.

Dem widersprechen hingegen die Aussagen, die über den Wirkfaktor der *Positiven Bilder* getroffen wurden. Diese sind durchgehend positiv und reichen über persönlichkeitsbildende Resultate wie Gefühle von „Stolz" (Kita, B1, Z. 529) und „Freude" (Kita, P2, Z. 544) über professionalitätsbildende wie die Ankurbelung von Lernprozessen (Kinder- und Jugendhilfe, P2, Z. 798-799) hin zu teambildenden Effekten, die sich im Arbeitsfeld „Kindertagesstätte" in einem „ganz, viel bessere[n] […] Arbeitsklima" niederschlagen (Kita, P2, Z. 570). Wenngleich alle Berufsanfänger*innen angeben, dass das Gefühl, sich selbst in den Videoaufnahmen und einzelnen Bildern zu betrachten, anfänglich seltsam und ungewohnt war, scheint es dennoch nur eine Frage der Zeit zu sein, bis dieses Gefühl einer Art Gewohnheit und Wohlgefühl weicht. Hinzu kommt die positive und wertschätzende Haltung, die den Studierenden und Auszubildenden während der Rückschauen entgegengebracht wird und zusätzlich dazu beiträgt, dass das kuriose Gefühl der Ungewohntheit in aller Regel stagniert und letztlich vollkommen verschwindet. Im positiven Feedback der Bilder sehen die Teilnehmenden der Fokusgruppendiskussionen zudem den Hauptgrund für deren Wirksamkeit. So zeigen die Bilder ausschließlich das, was in dieser Situation gut und gelungen ist. Hieran sollen die angehenden Fachkräfte lernen und sich weiterentwickeln. Dies geschieht zunächst über eine positive Selbstwahrnehmung, wie ein VHT-Professional treffend beschreibt: „[…] dann merkt man schon, wie die Körperhaltung sich verändert, wie so ein Schmunzeln kommt, so rote Wangen (lächelt) also so eine richtige Freude" (Kita, P2, Z. 542-544). Der anschließende eigene Selbstlerneffekt erfolgt dann gemäß den Befragten unverzüglich durch sogenannte „Aha-Momente" (Kita, B2, Z. 562). Überdies wurden die *Positiven Bilder* prinzipiell als beweisend und bestärkend beschrieben, da es nachvollziehbarer ist, Lob zu hören und gleichzeitig zu sehen, statt dieses nur von der Anleitung im Gespräch zu hören. Mithilfe der Positiven Bilder kann dieses Lob und Feedback visualisiert werden (Kinder- und Jugendhilfe, B2, Z. 568-571). Ein weiterer wichtiger Aspekt, der von beiden Gruppen thematisiert, aber insbesondre vom Feld der „Kinder- und Jugendhilfe" aufgegriffen und ausgiebig diskutiert wurde, ist die Rolle der Anleitung respektive der*des VHT-Professional*s. Hierbei wurde festgestellt, „dass es schon sehr auch auf die VHT-Ausbilderin ankommt. Also dass es glaube ich, […] bei uns jetzt einfach irgendwie super war. Wir sind da einfach immer mit einem tollen Gefühl rausgelaufen, aber dass die auf jeden Fall also die Ausbilderin auch dafür brennen muss selbst und dass es sonst NICHT funktionieren würde. Weil man muss ja auch diese, also man muss das ja auch alles total mit einem wertschätzenden, positiven Blick sehen, sonst kann man das so ja auch nicht rüberbringen" (Kinder- und Jugendhilfe, B2, Z. 906-912). Zusammenfassend kann damit gesagt werden, dass die beiden Fokusgruppen einstimmig für eine Anwendung von VHT bei Berufseinsteiger*innen in ihren jeweiligen Einrichtungen plädieren. Zwar kann nicht mit Sicherheit gesagt werden, dass sich die Befragten nicht auch ohne die Methode während ihrer Praktika beruflich weiterentwickelt und neue Kenntnisse und Fähigkeiten erworben hätten, dennoch betonen alle Proband*innen den Mehrwert einer videobasierten Beratungsmethode wie VHT, der durch die Anwendung der Wirkfaktoren wie beispielsweise der untersuchten *Positiven Bilder* zustande kommt. In der folgenden Ergebnisinterpretation sollen die eben vorgestellten Resultate erneut aufgegriffen und unter Bezugnahme auf den Theorieteil und gegebenenfalls weiterer Literatur vertieft und debattiert werden. Im Fokus steht dabei neben der Einordnung der Ergebnisse in den theoretischen Rahmen die endgültige Beantwortung der eingangs determinierten Fragestellung.

5.2 Ergebnisinterpretation

Die dargestellten Ergebnisse liefern einen Einblick über die Erfahrungen und Erlebnisse von Berufsanfänger*innen im sozialen Bereich und den begleitenden VHT-Professionals mit VHT und insbesondere dem Wirkfaktor der *Positiven Bilder*. Sie sollen die Wirkungen dieser Methode auf diese Zielgruppe bestätigen.
Kurzum ähneln die in dieser Arbeit aufbereiteten Resultate durchweg stark den Erkenntnissen, zu denen auch andere Forschende im VHT-Bereich gekommen sind. Eltern und Fachkräfte können von dieser Methode laut eigener Aussage gleichermaßen profitieren und werden in ihrer Handlungs- und Kommunikationskompetenz sowohl aktiviert als auch gestärkt. Diese Erfolge werden im (Berufs-)Alltag sichtbar (Vlasak und Lüssow 2010: 28). Weitere Forschende in diesem Bereich wie Balzer, Gens, Heimbürger und Goltsche beschreiben in ihren Ausarbeitungen (siehe Kapitel 3) vergleichsweise ähnliche beachtliche und vielversprechende Ergebnisse, in denen die untersuchte Zielgruppe aus-

schließlich Positives über VHT zu berichten weiß. Somit kann mit dieser Arbeit eine weitere Forschungsarbeit über VHT mit der bis dato noch unerforschten Zielgruppe Berufsanfänger*innen zu anderen Arbeiten, die sich exemplarisch mit Wohngruppen- oder Familienarbeit beschäftigen, hinzugefügt werden.

Auf Basis der vorgestellten Ergebnisse sowie der Daten, die aus der vorherrschenden Literatur gezogen werden können, scheint es daher naheliegend, dass sowohl Kindertageseinrichtungen und Einrichtungen der Kinder- und Jugendhilfe als auch andere soziale Einrichtungen von den Vorteilen der VHT-Methode profitieren. Insbesondere Berufsanfänger*innen fühlen sich beim gemeinsamen Betrachten der *Positiven Bilder* und Aufnahmen mit ihrer Anleitung wertgeschätzt und respektiert. Sie lernen am eigenen Bild wichtige pädagogische und soziale Fähigkeiten und Fertigkeiten wie Empathie und können dies auf die Praxis transferieren. Mittlerweile ist es unumstritten, dass die Qualifikation und Ausbildung von Fachkräften im sozialen Bereich heutzutage ein fachlich hohes Niveau aufweisen müssen, um ein akzeptables Maß an Professionalität und Reflexivität zu gewährleisten. Dies bestätigen auch Elmer und Grundmann, die sich in ihren Ausführungen auf die Kinder- und Jugendhilfe beziehen. Sie sehen in der videobasierten Beratung von Berufsanfänger*innen eine gute Methode, um genau das erreichen zu können (Elmer und Grundmann 2020: 147). Die Positivität, die sich durch die gesamte Methode zieht, wirkt motivierend und führt nicht selten zu einer Stärkung des Selbstbewusstseins und der Selbstsicherheit. Indem der Fokus nicht auf den negativen, sondern auf den *Positiven Bildern* der gefilmten Situation liegt, erkennen die Berufseinsteiger*innen selbstständig ihre Ressourcen und Stärken und können diese gezielt in der Einrichtung einsetzen. Dies wird auch in der vorherrschenden Literatur zu diesem Thema ersichtlich, denn „durch die Lösungsentwicklung am eigenen bildhaften Modell gelingt der Ergebnistransfer in den Arbeitsalltag reibungslos. Da der Coachee sich mit dem Zielverhalten bereits gesehen und dies emotional positiv verankert hat, begleiten die Bilder ihn mental in die nächste Echtsituation. Dort fließen Sie unbewusst in das Handeln ein" (Gens 2018a: 134). Sicherlich existieren einige Kritiker*innen der Methode, die davon ausgehen, dass nur durch das Praktizieren von Fehlern und deren Reflexion gelernt werden kann. Hieran ist grundsätzlich auch nichts verkehrt. Im Kontext von VHT scheint sich diese These jedoch nicht zu bestätigen. Die Befragten berichteten zum Großteil von großen Erfolgen und weitreichenden Entwicklungsschritten, die sich insgesamt mit den vorherig beschriebenen Wirkungen und Erfolgen (siehe Kapitel 2.3.6) decken. Während der gesamten Gruppendiskussion war zudem eine positive Energie zu spüren, die nur anhand der rein theoretischen Erarbeitung des Themas nicht zur Entfaltung gekommen wäre und deren Wirkungen nicht in dieser Weise sichtbar geworden wären. Die Interviewten lächelten und lachten unentwegt, wenn sie über ihre Erfahrungen mit VHT sprachen und sich mit den anderen Teilnehmenden darüber austauschen konnten. Es war ihnen anzusehen, dass sie ihre Freude und Begeisterung über die Methode nur schwer verbergen konnten. Auch wenn eine der VHT-Professionals zum Ende nicht mit absoluter Bestimmtheit sagen konnte, ob tatsächlich VHT diese folgenreiche Entwicklung bewirkt hatte oder sich die Berufsanfänger*innen aufgrund ihres Charakters oder ihrer bereits vorhandenen Motivation und Bereitschaft, zu lernen, auch ohne die positiven Bilder zu einer guten Fachkraft entwickelt hätte, sind sich alle einig: VHT bestärkt und fördert eine positive Selbstwahrnehmung. Diese Eigenschaft ist in den Bereichen der Sozialen Arbeit, wo nicht selten mit „schwierigen" und „problematischen" Fällen, die die Fachkräfte mitunter nachhaltig belasten können, gearbeitet wird, eine wichtige Ressource. Mit anderen Worten: „Also da merkt man, wie WICHTIG eigentlich diese positiven Bilder sind, weil mit sowas kann man dann auch tatsächlich arbeiten" (Kita, P2, Z. 558-560), so die begeisterten Worte eines VHT-Professionals aus dem Arbeitsfeld „Kita".

Dieses Zitat zeigt außerdem, dass auch die VHT-Professionals von der Methode profitieren können. Neben der Erleichterung von beispielsweise Anleitergesprächen, indem auf die Aufnahmen zurückgegriffen und mit den *Positiven Bildern* gearbeitet werden kann, beschreiben die Befragten, dass sie mit der Anwendung von VHT auf Praktikant*innen, Auszubildende oder Studierende lernen, mit einem wertschätzenden Blick auf die angehenden Fachkräfte zu blicken. Hinzu kommt, dass sie lernen, sich zurückzunehmen und die Berufseinsteiger*innen über das, was sie sehen, sprechen zu lassen. Natürlich sollte dies in eine gewisse Richtung geleitet werden. Aus diesem Grund muss ein VHT-Professional eine Struktur oder einen Leitfaden für die Gespräche vorbereiten. Im Laufe der Fokusgruppen wurde darüber hinaus deutlich, dass die VHT-Professionals eine entscheidende Rolle für das Gelingen oder Misslingen der Methode spielen. Nur dann, wenn auch die Anleitung hinter der Methode steht, das Positive in den Vordergrund stellt und genügend auf die Gefilmten eingeht, kann von einem gelungenen Prozess gesprochen werden. Dass die Rolle des VHT-Coachs eine überaus relevante darstellt, ist in der einschlägigen Fachliteratur durchaus ebenso angekommen. Gens führt hierzu aus: „Der VHT-Coach lässt die Verantwortlichkeit für das professionelle Handeln beim Coachee. Sein Vorgehen orientiert sich an der formulierten Fragestellung und respektiert dessen Entscheidungen und Wünsche. Er versteht sich als kompetenter und aktivierender Begleiter und nicht als belehrender Experte" (Gens 2018a: 134). Hierdurch stellen sich in der Regel sehr zügig identitäts-, professionalitäts- und teambildende Erfolge ein. Mit diesen Erfolgen und dem damit verbundenen wachsenden beruflichen und persönlichen Fähigkeiten können die Berufsanfänger*innen im Übrigen auch auf ihre Kinder und Jugendlichen wirken. Durch die Entwicklung und die Lernprozesse, die in den Rückschauen mithilfe von Reflexion und Austausch angestoßen wurden, lukrieren ebenjene während den Freispiel-, Essens- oder Gruppenzeiten sowie in besonderen oder kritischen Situationen von den Berufsneulingen. Hinzu kommt die positive Entwicklung, die sich auf das gesamte Team der Einrichtung auswirkt, denn wie es eine Berufsanfänger*in im Interview treffend beschreibt: „Man versucht zu verstehen, woher die andere Person kommt und dass auch die Person in der Situation ihr möglichst Bestes tut, dann ist es immer irgendwie anders" (Kita, B2, Z. 634-636). Sogar der Dalai Lama erklärt in folgendem Zitat die positiven Konsequenzen, die mit dieser wichtigen Verhaltensweise einhergehen: „Versuchen wir, das Beste eines jeden Menschen zu erkennen, den anderen im bestmöglichen Licht zu sehen. Diese Einstellung erzeugt sofort ein Gefühl der Nähe, eine Art Geneigtheit, eine Verbindung" (Dalai Lama). Dieses Gefühl konnten, den Proband*innen nach zu urteilen, mithilfe der VHT-Prozesse auch die Mitarbeitenden in der Einrichtung erfahren.

Die Untersuchungsergebnisse lassen im Grunde genommen darauf schließen, dass die Säule *Positive Bilder* von VHT nicht mehr wegzudenken ist. VHT ist, wie bereits zahlreiche Forschende vorher feststellen konnten, eine ausgezeichnete Methode, um Lernprozesse anzuregen, das Selbstwertgefühl aufzubauen und positives Feedback zu erhalten. Ohne die *Positiven Bilder* als ein Wirkfaktor würde dieser videobasierte Beratungsmethode ein wichtiges Element fehlen, das für die Erfolge von VHT sorgt. Es stellt sich dabei zweifellos die Frage, ob VHT für jegliche Einrichtung, Zielgruppe oder Einzelperson geeignet ist. Sich selbst in den Rückschauen zu sehen ist definitiv eine Gewohnheitssache. Sicherlich kann davon ausgegangen werden, dass die *Positiven Bilder* sowie das positive Feedback dieses Gefühl be- und verstärken können, sodass die Rückschauen keine Belastung mehr darstellen. Dennoch muss an dieser Stelle darauf hingewiesen werden, dass es trotz der *Positiven Bilder* und weiterer Wirkfaktoren Personengruppen gibt, die auch weiterhin mit dieser Methode Schwierigkeiten haben werden und für die VHT nicht geeignet ist. Hierzu zählen zum Beispiel, wie eine VHT-Professional anführte, Kinder und Jugendliche, die aufgrund einer psychischen Erkrankung oder Behinderung ein sehr schlechtes Bild von sich und ihrer Umwelt haben (Kinder- und Jugendhilfe, P2, Z. 281-291). Hier sollte behutsam an die Methodik herangeführt und individuell abgewägt werden, ob gegebenenfalls eine andere nicht-videobasierte Beratungsmethode hinzuzuziehen ist.

An dieses Kapitel anknüpfend wird im Folgenden eine ausführliche Bewertung der geschilderten Ergebnisse vorgenommen, um Erklärungsversuche und -ansätze sowie weitere Handlungsempfehlungen für die Praxis zu geben. Des Weiteren soll in der Diskussion und Reflexion die methodische Qualität der Untersuchung in den Blick genommen sowie Kritik zur Stichprobe und dem Untersuchungsinstrument geäußert werden.

6. Diskussion und Reflexion

Im Allgemeinen sind die geschilderten Ergebnisse zu erwarten gewesen. Dies ergibt sich aus dem Recherchieren, Studieren und Reflektieren der einschlägigen Fachliteratur sowie weiterer Forschungsarbeiten zum Thema VHT und dessen vier Säulen. An dieser Stelle kann nochmals auf die vier Erfolgsarten des Erwachsenenpädagogen Rolf Arnold, die die Qualität einer Maßnahme ausmachen, bezuggenommen werden. Gemäß Arnold sind dies der Legitimations-, Zufriedenheits-, Lern- und Transfererfolg (Arnold 1999: 36). Ersterer „leitet sich meistens aus der Perspektive der jeweils relevanten externen Referenzsysteme ab. Es handelt sich dabei um Erfolge, die es der Weiterbildungsorganisation ermöglichen, sich gegenüber Auftraggebern oder der Öffentlichkeit zu legitimieren" (Tödt 2008: 98). In dem vorliegenden Fall beziehen sich „Auftraggeber" und „Öffentlichkeit" dementsprechend auf die Anleiterin, die Einrichtungsleitung, die Eltern und mitunter auch die Kinder und Jugendlichen. Diese sind im Großen und Ganzen sehr zufrieden mit den Fortschritten, die VHT anzurechnen sind, wie sich dem folgenden Zitat entnehmen lässt: „Also ich hatte letzte Woche ein Mitarbeitergespräch mit meiner Chefin ähm und natürlich ist sie auch auf den VHT-Punkt gekommen und sie hat dann nochmal ausdrücklich auch gesagt, wie toll sie das findet, was für eine Entwicklung ich durch VHT machen konnte" (Kita, P2, Z. 321-324). Der Zufriedenheitserfolg der Methode lässt sich zudem an Begriffen und Aussagen wie „Neugierde" (Kinder- und Jugendhilfe, P1, Z. 668), „Ressourcenorientierung" (Kita, P2, Z. 777), „Zufriedenheit" (Kinder- und Jugendhilfe, P1, Z. 656) sowie „Freude und Stolz auf jeden Fall, aber auch Erleichterung" (Kinder- und Jugendhilfe, P1, Z. 652) ablesen. Ebenso beschreiben die Proband*innen den Lernerfolg, der sich in der Entwicklungsförderung und weiteren Lernprozessen widerspiegelt (Kinder- und Jugendhilfe, P2, Z. 789-801). Überdies bestätigen die Teilnehmenden der Fokusgruppen den Transfererfolg, indem sie über „gewisse Nuancen [berichten], [...] die man dann entdecken kann, die man dann auch wieder in den Alltag transferieren kann" (Kita, P2, Z. 196-197).

Trotz dieser hypothesenbestätigenden Befunde müssen an dieser Stelle einige Aspekte angeführt werden, die es überwiegend neutral aber auch teilweise kritisch zu betrachten gilt: Erstaunlicherweise scheinen die Befragten beispielsweise kein Problem in dem Zeigen von ausschließlich positiven und gelungenen Momenten zu sehen. Es war vorab anzunehmen, dass dies ein Kritikpunkt sein könnte, da die noch nicht gelungenen Momente sowie fehlenden Fähigkeiten völlig außer Acht gelassen werden. Generell kann also aufgrund dieser Tatsache davon ausgegangen werden, dass die Proband*innen der Meinung sind, dass das Eingehen auf gut gelungene Momente ausreicht, um sich beruflich entwickeln zu können. Mit Sicherheit spielt hierbei auch die Stärkung des Selbstbewusstseins und der Selbstsicherheit eine große Rolle, die zu dieser spürbaren Begeisterung im Hinblick auf VHT führt. Ungeachtet dessen kann mit den hier dargelegten Erkenntnissen nicht auf den gesamten sozialen Bereich geschlossen werden. Möglicherweise existieren weitere Arbeitsfelder, für die die VHT-Methode keine Bereicherung darstellt und in denen diese eventuell sogar aufgrund des großen Zeitaufwandes und möglicher Hürden als Belastung empfunden wird.

Überdies besteht der Sozialpädagogin Julia Brielmeier zufolge auch immer die Möglichkeit, dass die Teilnehmenden der Fokusgruppen so antworten, wie es von ihnen erwünscht beziehungsweise im Hinblick auf das Thema der Forschungsarbeit erwartet wird (Brielmeier 2019: 541). Stehen also wie in diesem Fall die *Positiven Bilder* und dessen Wirksamkeit im Vordergrund, hätte es insbesondere im gegebenen Setting der Fokusgruppen zu erwünschten oder von den anderen Teilnehmenden ebenfalls genannten Antworten kommen können. Kühn und Koschel berichten in ihrer Publikation von diesen und ähnlichen Schwierigkeiten während der Durchführung von Fokusgruppendiskussionen (Kühn und Koschel 2011: 217–222). Mit Blick auf die in dieser Arbeit durchgeführten Diskussionen kann mit Gewissheit gesagt werden, dass die ausgewählten Proband*innen zwar gegenseitig Bezug zueinander genommen haben, dennoch konnte jede*r seine persönliche Meinung zu VHT und dessen Wirksamkeit äußern. Es fand keinerlei Kritik oder dergleichen an einer anderen Person statt. Grundsätzlich wäre dagegen hinsichtlich der Stichprobe eine weitere männliche Sichtweise insbesondere im Arbeitsfeld "Kinder- und Jugendhilfe" wünschenswert gewesen. Nichtsdestotrotz stellt die befragte Stichprobe in Bezug auf die Praxis in sozialen Einrichtungen die Realität dar. Nur vereinzelt sind hier Männer anzutreffen, die direkt am Kind arbeiten. Üblicherweise finden sich Männer in sozialen Organisationen eher in Leitungspositionen oder sind in einem völlig anderen Bereich tätig. Daher ist es nicht verwunderlich, dass sich für die Befragung über die Wirkfaktoren von VHT in sozialen Arbeitsfeldern bei acht Teilnehmenden lediglich ein Mann bereiterklärte, an den Fokusgruppendiskussionen teilzunehmen.

Ferner stellt sich die Frage, inwiefern die weiter oben beschrieben Gütekriterien während der Datenerhebung und Datenauswertung erfüllt werden konnten. Im Hinblick auf die Validität und Rentabilität heben die Sozialwissenschaftler*innen Michael Zwick und Regina Schröter hervor, dass Fokusgruppendiskussionen diesbezüglich einige Vorteile aufweisen: „Gegenüber Einzelinterviews ist hierfür vor allem die Gruppe als Korrektiv verantwortlich, die bewirkt, dass sich im gemeinsamen Diskurs nur sinnfällige und wohlbegründete Aspekte und Argumente behaupten können" (Zwick und Schröter 2012: 24). Daraus resultierend werden nur die Punkte berücksichtigt, die in der Gruppe „beschlossen" und ausführlich diskutiert wurden. Demzufolge können die gelieferten Ergebnisse also als genau und gültig für diese sozialen Arbeitsbereiche bezeichnet werden. Wie Kuckartz unterscheidet auch Reischmann die Validität zusätzlich in intern und extern: „Ein Ergebnis ist dann intern valide, wenn es tatsächlich das widerspiegelt, was es zu evaluieren beansprucht. […] Externe Validität meint, ob und inwieweit Ergebnisse über das konkrete Untersuchungsfeld hinaus verallgemeinert werden können" (Reischmann 2006:

238). Folglich kann in dieser Arbeit von einer internen Validität gesprochen werden, da die Ergebnisse faktisch die Wirksamkeit der *Positiven Bilder* von VHT widerspiegeln. Von einer externen Validität kann sinngemäß allerdings nicht ausgegangen werden, da mit den Ergebnissen keinesfalls auf die gesamte soziale Praxis und deren Einrichtungen geschlossen werden kann. Die Untersuchung trifft somit ausschließlich auf die genannten Bereiche zu. Um eine Verallgemeinerung erzielen zu können, wären daher weitere Untersuchungen mit einer Vielzahl an anderen Arbeitsfeldern erforderlich.

Festgehalten werden kann in jedem Fall, dass die videobasierte Beratungsmethode VHT mit dessen Wirkfaktor der *Positiven Bilder* einen durchgängig affirmativen und aussichtsreichen Eindruck in den sozialen Einrichtungen, in denen VHT Anwendung findet, hinterlässt und auch weiterhin hinterlassen wird. Die Befragten in den Fokus-gruppen finden allesamt lobende und positive Worte über die Darstellung ihrer selbst beziehungsweise der Berufsanfänger*innen innerhalb der *Positiven Bilder*. Über die Grenzen und Hürden lässt sich angesichts der selbstwirksamkeitsstärkenden und entwicklungsfördernden Aspekte zumeist hinwegsehen, sodass die Methode trotz des intensiven aber notwendigen Beschäftigungsumfangs, der sich zunächst auch in der Ausbildung zum VHT-Coach niederschlagen kann, als durchaus alltagstauglich beschrieben wird. Im abschließenden Teil wird resümierend auf diese Arbeit geblickt und dabei versucht, einen Ausblick, auf das was möglicherweise noch in der Zukunft liegt, zu geben.

7. Fazit und Ausblick

Diese Arbeit wurde mit der Feststellung begonnen, dass die videobasierte Beratungsmethode VHT des gemeinnützigen Vereins *SPIN-DGVB e.V., die Deutsche Gesellschaft für Videobasierte Beratung* ein durchaus hilfreiches und nutzvolles Werkzeug für die Arbeit mit Familien, die von alltäglichen oder speziellen Problemen mit ihren Kindern oder sich selbst berichten, darstellt. Trotz der knappen Fachliteratur zu VHT, die gedruckt oder online zur Verfügung steht oder von den Mitarbeitenden des Dachverbandes selbst ausgehändigt wurde, sollte an dieser Stelle ein bestmöglicher Überblick über die wichtigsten Aspekte der Methode sowie des Vereins gegeben werden. Im Laufe der Arbeit wurde versucht, den Blick auf weitere Anwendungsgebiete wie Kindertageseinrichtungen und die Kinder- und Jugendhilfe zu weiten. Die Wirkungsweise von VHT in diesen beiden Arbeitsfeldern wurde im Anschluss mithilfe von Fokusgruppendiskussionen empirisch genauer betrachtet. Im Zentrum der beiden Diskussionen stand der Wirkfaktor *Positive Bilder*, der neben dem *Aktivierungsprinzip* (abgeleitet aus der Empowerment-Theorie), der *Gelungenen Kommunikation* (,*Basiskommunikation'*) und dem *Positiven Ansatz* eine der vier Säulen von VHT darstellt.

Mit Blick auf die Untersuchungsziele dieser Forschungsarbeit lässt sich abschließend resümieren: Die *Positiven Bilder* sind eine überaus fundamentale Säule von VHT und für dessen Wirksamkeit von wesentlicher Bedeutung. Insgesamt konnte durch die Auswertung der Ergebnisse die These, dass die *Positiven Bilder* als ein Wirkfaktor der videobasierten Beratungsmethode VHT den Beziehungsaufbau von Berufseinsteiger*innen im sozialen Bereich zu Klient*innen begünstigen und zu positiven, selbstbewusstseinsfördernden und professionalitätsbildenden Ergebnissen sowie zu einer ressourcenorientierten beruflichen Identität führen, bestätigt werden. Mit Hilfe von Videoaufnahmen werden die bereits vorhandenen Ressourcen bildlich bestätigt. Und mehr noch: Indem sie in ein Bild übersetzt werden, durchlaufen sie einen Prozess der Dekonstruktion. Details bleiben weder den VHT-Professionals noch den Gefilmten verborgen und unterstützen die positive Wirkung der Methode (Hawellek 1997: 129). Wichtig für den Lernerfolg von VHT ist laut den Befragten vor allem die positive und engagierte Haltung der VHT-Trainer*innen, die die Berufseinsteiger*innen durch die Methode begleiten und vorab die positiven Videoaufnahmen und Bilder zusammenschneiden, um in der Rückschau darauf aufmerksam machen zu können und Lernprozesse am eigenen Bild anzustoßen. Mögliche Grenzen und Hindernisse, die die *Positiven Bilder* oder weitere Faktoren der Methode betreffen und im Laufe eines VHT-Prozesses anbahnen, sind zwar gegeben, können aber durch ein besseres Vertrautwerden mit dem technischen Equipment und der Methode oder einem höheren Personalschlüssel, der es ermöglicht, die Berufsanfänger*innen zu filmen, sodass diese die Kamera nicht selbst „platzieren" müssen, zu einem großen Teil beseitigt werden.

Trotz allem empfiehlt sich an dieser Stelle die Durchführung weiterer Untersuchungen zu diesem Thema. Zwar können mit dieser Studie Aussagen über die Arbeitsfelder „Kindertagesstätte" und „Kinder- und Jugendhilfe" getroffen werden, dennoch wäre es spannend und für die Weiterentwicklung der Methode und den Verein *SPIN DGVB e.V.* sicherlich von großem Nutzen, weitere Arbeitsfelder der Sozialen Arbeit und darüber hinaus in den Blick zu nehmen. Des Weiteren hegt der Verein großes Interesse an einer Durchführung der vorliegenden Studie mit den anderen drei beschrieben Wirkfaktoren von VHT. Somit könnte festgestellt werden, ob die erzielten Erkenntnisse auf alle Säulen der Methode gleichermaßen übertragbar sind oder es beispielsweise Unterschiede in der Wahrnehmung oder der Wirksamkeit der Säulen zu beachten gibt. Sicher ist dabei, dass, wie Horst es nennt, weiterhin Strategien entwickelt werden können, die dafür sorgen sollen, dass die VHT-Methode nachhaltig in den verschiedenen sozialen und therapeutischen Einrichtungen implementiert wird (Horst 2009: 156). Angesichts der limitierten Anzahl von Forschungsarbeiten über VHT sind sicherlich alle weiteren ungeachtet des genauen Themas in jedem Fall sehr willkommen, um die Methode voranzubringen, zu verbessern, zu erweitern oder letztlich nur ihre Wirksamkeit und ihren Effekt auf die Nutzer*innen zu überprüfen und zu bestätigen.

Schlussendlich kann gesagt werden, dass sich VHT seit über dreißig Jahren die Möglichkeit zunutze macht, positive Bilder in Videoaufnahmen zu zeigen, „um Familien, Fach- und Führungskräfte sowie Lehrkräfte videobasiert zu beraten, wobei die Arbeit mit den Bildern nicht nur ein Hilfsmittel darstellt, sondern auch ein integraler Bestandteil des methodischen Vorgehens ist" (Gens 2020a: 10). Angesichts der überaus positiven Ergebnisse, die in dieser Forschungsarbeit erzielt werden konnten, ist diese lange Erfolgsgeschichte wenig überraschend. Als eine der vier Säulen tragen die *Positiven Bilder* durch das positive visuelle Feedback und den ressourcenorientierten Ansatz erheblich zur beruflichen Entwicklung und Selbstwirksamkeitssteigerung bei. Doch nicht nur Berufsanfänger*innen profitieren in sozialen Einrichtungen von VHT. So sind weiterhin einige Forschende der Überzeugung, dass sogar bereits Kinder aus VHT einen Nutzen ziehen können und nebenbei lernen, sich selbst zu reflektieren. Dabei stellen sie unbewusst fest, wie sie auf andere Personen wirken und was ihnen gut gelingt (Schnackerz 2021: 72). Somit kann VHT in der Tat schon bei den Kleinsten angesetzt werden, um ähnliche Ergebnisse zu erzielen. VHT scheint im Grunde also eine vielseitig anwendbare Methode zu sein, die nicht mehr nur wie ursprünglich gedacht, in und mit der Familie genutzt werden kann. Auch die Arbeit in sozialen Institutionen oder Organisationen kann und sollte mit VHT bereichert werden.

Oder um es abschließend mit den Worten des VHT-Urgesteins Hannelore Gens, die sie für die Eröffnung eines Beitrags in einem kürzlich erschienenen Sammelband formuliert hat, zu sagen:

„Aus der Erfahrung mit videobasierter Beratungsarbeit in mittlerweile drei Jahrzehnten ist deutlich geworden, dass diese - mit unterschiedlichen Ansätzen - sehr effektiv ist und nachhaltige Wirkungen zeigt. Sie ist ein interessantes und immer noch innovatives Beratungskonzept, das durch gemeinsame konzeptionelle und systemische Konturen einen größeren Gewinn sowohl für die allgemeine als auch die systemische Beratungslandschaft darstellen könnte" (Gens 2020b: 185).

8. Literaturverzeichnis

AARTS, Maria, 2011. *Marte Meo: Ein Handbuch*. 3. Auflage. Eindhoven: Aarts Productions.

ARNOLD, Rolf, 1999. Qualität ist viereckig - Reflexion zum Umgang mit Qualität in der Weiterbildung. *PÄD Forum: unterrichten erziehen*. Mainz: Turnus Media Verlag. **27**(1), 35-38.

ARNOLD, Rolf, Peter FAULSTICH, Wilhelm MADER, Ekkehard NUISSL, Erhard SCHLUTZ und Jürgen WITTPOTH, 2002. *Forschungsschwerpunkte zur Weiterbildung* [Online-Quelle]. Frankfurt am Main: Deutsches Institut für Erwachsenenbildung [Zugriff am 06.11.2021]. Verfügbar unter: https://www.die-bonn.de/esprid/dokumente/ doc-2002/arnold02_01.pdf

BALZER, Felizitas, 2020. *VHT im Kontext elternaktivierender stationärer Erziehungshilfe: Abschlussarbeit für die Zertifizierung zur VHT-Coach*.

BALZER, Felizitas, 2021. *Netzwerkorientierung zur Stärkung des professionellen Selbstbewusstseins von Video-Home-Training (VHT)* [Online-Quelle] [Zugriff am 21.02.2022]. Verfügbar unter: https://www.grin.com/document/115 9242

BEGEMANN, Maik-Carsten, Christian BLECK und Reinhard LIEBIG, Hrsg., 2019. *Wirkungsforschung zur Kinder- und Jugendhilfe: Grundlegende Perspektiven und arbeitsfeldspezifische Entwicklungen*. Weinheim: Beltz.

BENIGHAUS, Christina und Ludger BENIGHAUS, 2012. Moderation, Gesprächsaufbau und Dynamik in Fokusgruppen. In: Marlen SCHULZ, Birgit MACK und Ortwin RENN, Hrsg. *Fokusgruppen in der empirischen Sozialwissenschaft: Von der Konzeption bis zur Auswertung* [Online-Quelle]. Wiesbaden: Springer VS, 111-132 [Zugriff am 06.04.2022]. Verfügbar unter: DOI: 10.1 007/978-3-531-19397-7_6

BIEMANS, Harrie, 1994. VHT - Initiativen im Bild. In: Hannelore GENS und Udo HEIMBÜRGER, Hrsg. *Video-Home-Training: Grundlagen zu Theorie und Praxis*. Düsseldorf: SPIN, 35-40.

BOHNSACK, Ralf und Aglaja PRZYBORSKI, 2010. Diskursorganisation, Gesprächsanalyse und die Methode der Gruppendiskussion. In: Ralf BOHNSACK, Aglaja PRZYBORSKI und Burkhard SCHÄFFER, Hrsg. *Das Gruppendiskussionsverfahren in der Forschungspraxis*. 2., vollständig überarbeitete und aktualisierte Auflage. Opladen: Verlag Barbara Budrich, 233-248.

BOHNSACK, Ralf, 2011. *Qualitative Bild- und Videointerpretation: Die dokumentarische Methode*. 2., durchgesehene und aktualisierte Auflage. Opladen: Budrich.

BOHNSACK, Ralf, Aglaja PRZYBORSKI und Burkhard SCHÄFFER, 2010. Einleitung: Gruppendiskussion als Methode rekonstruktiver Sozialforschung. In: Ralf BOHNSACK, Aglaja PRZYBORSKI und Burkhard SCHÄFFER, Hrsg. *Das Gruppendiskussionsverfahren in der Forschungspraxis*. 2., vollständig überarbeitete und aktualisierte Auflage. Opladen: Verlag Barbara Budrich, 7-22.

BOHNSACK, Ralf, Bettina FRITZSCHE und Monika WAGNER-WILLI, 2014. Dokumentarische Video- und Filminterpretation. In: Ralf BOHNSACK, Bettina FRITZSCHE und Monika WAGNER-WILLI, Hrsg. *Dokumentarische Video- und Filminterpretation: Methodologie und Forschungspraxis*. Opladen: Budrich, 11-41.

BOLDER, Axel, 2011. Das lebenslange Lernen, die Beteiligung daran und die Bildungspolitik. Und das lebenslange Lernen, die Beteiligung ... In: Daniela HOLZER, Hrsg. *Reflexionen und Perspektiven der Weiterbildungsforschung*. Münster: Waxmann, 54-66.

BRAUNECKER, Claus, 2021. *How to do empirische Sozialforschung: Eine Gebrauchsanleitung* [Online-Quelle]. Wien: facultas [Zugriff am 28.03.2022]. Verfügbar unter: https://www.utb.de/doi/book/10.36198/9783838555959

BREIER, Andrea, 2016. Die Förderung der Selbstwirksamkeit: Mit der Methode Video-Home-Training. In: Irene GOLTSCHE, Hrsg. *Interaktion im Blick: Video-Home-Training (VHT)® (Kursbuch)*. München: DWRO-consult gGmbH, 12-19.

BREMEYER, Annette, 2020. Einleitung. In: Björn HAGEN, Hrsg. *Videogestützte Verfahren in den Erziehungshilfen - Entwicklungsperspektiven mit Bildern*. Erstauflage. Dähre: Schöneworth Verlag, 8-9.

BRÜMMER, Marita und Klaus ter HORST, 2009. Video-Interaktions-Diagnostik: „...ein Bild sagt mehr als viele Worte...". In: Irene GOLTSCHE, Hrsg. *Anwendungsbe-reiche des Video-Home-Training VHT: Geglücktes im Blick*. Bad Heilbrunn: Klinkhardt, 146-165.

BUND FÜR PÄDAGOGIK, PSYCHOLOGIE UND SYSTEMIK, 2020. *Video-Home-Training® (VHT®) / Marte Meo* [Online-Quelle] [Zugriff am 03.03.2022]. Verfügbar unter: https://www.bund.org/bund-fuer-paedagogik/leistungen/weitere-beratungsang ebote/video-home-training.htm

BÜNDER, Peter, Annegret SIRRINGHAUS-BÜNDER und Angela HELFER, 2015. *Lehrbuch der MarteMeo-Methode: Entwicklungsförderung mit Videounterstützung*. 2., überarbeitete Auflage. Göttingen: Vandenhoeck & Ruprecht.

BURZAN, Nicole, 2015. *Quantitative Methoden kompakt* [Online-Quelle]. Stuttgart: UTB GmbH; UVK [Zugriff am 01.04.2022]. Verfügbar unter: DOI: 10. 36198/9783838 537658

BURZAN, Nicole, 2016. *Methodenplurale Forschung: Chancen und Probleme von Mixed Methods*. Weinheim: Beltz.

CABY, Filip und Sandra NEE, 2008. Was ist Video-Klinik-Training (VKT). In: JOHANNESBURG GMBH, Hrsg. *Das 3. Auge sieht mehr. Mit der Kamera den Stärken auf der Spur*. Surwold: Johannesburg GmbH, 66-67.

CHURCH, Stephen, 2004. Video-Home-Training - eine familienaktivierende Hilfe. In: AKTION JUGENDSCHUTZ LANDESARBEITSSTELLE BADEN-WÜRTTEMBERG, Hrsg. *Von wegen Privatsache: Erziehungspartnerschaft zwischen Familie und Gesellschaft*. Stuttgart: Aktion Jugendschutz Baden-Württemberg, 143-157.

CORDES, Ragna und Franz PETERMANN, 2001. Das Video-Interaktionstraining: Ein neues Training für Risikofamilien. *Kindheit und Entwicklung.* **10**(2), 124-131.

DALAI LAMA, o. J. *Zitat des Tages* [Online-Quelle] [Zugriff am 01.06.2022]. Verfügbar unter: https://www.zitat-des-tages.de/zitate/versuchen-wir-das-best e-eines-jeden-menschen-zu-erkennen-den-anderen-im-bestmoeglichen-licht-zu-sehen-diese-einstellung-erzeugt-sofort-ein-gefuehl-der-naehe-eine-art-ge-neigtheit-eine-verbindung-dalai-lama

DEKKER, J. M., 1994. Video-Home-Training. In: Hannelore GENS und Udo HEIMBÜRGER, Hrsg. *Video-Home-Training: Grundlagen zu Theorie und Praxis.* Düsseldorf: SPIN, 47-68.

DEKKER, Tinus, 1996. Entwicklung des Video-Home-Training in den Niederlanden. In: Max KREUZER und Helga RÄDER, Hrsg. *Video-Home-Training: Kommunikation im pädagogischen Alltag. Eine erprobte Methode (nicht nur) in der Familienhilfe.* Mönchengladbach: Fachhochschule Niederrhein, Fachbereich Sozialwesen, 95-106.

DEKKER, Tinus, Wim SCHOLTE und Hans MULLENS, 1994. Die Anwendung der Basiskommunikationsprinzipien in der Heim-/Wohngruppe. In: Hannelore GENS und Udo HEIMBÜRGER, Hrsg. *Video-Home-Training: Grundlagen zu Theorie und Praxis.* Düsseldorf: SPIN, 152-166.

DGSF E. V., 2022. *Die DGSF – Wirksam in Systemen* [Online-Quelle] [Zugriff am 21.02.2022]. Verfügbar unter: https://www.dgsf.org/

DIECKMANN, Bernhard, 1973. *Gesellschaftsanalyse und Weiterbildungsziele.* Braunschweig: Westermann.

DINKELAKER, Jörg und Matthias HERRLE, 2009. *Erziehungswissenschaftliche Videographie: Eine Einführung* [Online-Quelle]. Wiesbaden: VS Verlag für Sozialwissenschaften [Zugriff am 15.02.2022]. Verfügbar unter: DOI: 10.1007/978-3-531-916 76-7

DINKELAKER, Jörg, 2020. Potentiale der Theorieentwicklung durch erziehungswissenschaftliche Videographie. In: Michael CORSTEN, Melanie PIERBURG, Dennis WOLFF, Katrin HAUENSCHILD, Barbara SCHMIDT-THIEME, Ulrike SCHÜTTE und Sabrina ZOURELIDIS, Hrsg. *Qualitative Videoanalyse in Schule und Unterricht.* Weinheim: Beltz Juventa, 18-36.

DIPF | LEIBNIZ-INSTITUT FÜR BILDUNGSFORSCHUNG UND BILDUNGSINFORMATION, 2020. *Videogestützte Verfahren* [Online-Quelle]: *Beobachtung und Analyse von Verhaltensmerkmalen und Interaktionen* [Zugriff am 18.02.2022]. Verfügbar unter: https://www.idea-frankfurt.eu/de/forschung/labore/d-videogestuetzte-verfahren

DRESING, Thorsten und Thorsten PEHL, 2011. *Praxisbuch Transkription: Regelsysteme, Software und praktische Anleitungen für qualitative ForscherInnen:* Eigenverlag Marburg.

DUDEN, 2022. *Berufsanfänger* [Online-Quelle] [Zugriff am 19.02.2022]. Verfügbar unter: https://www.duden.de/rechtschreibung/Berufsanfaenger

DWRO-CONSULT, 2019. *Kontaktstudium VHT-Video-Coaching nach SPIN (DQR-Level 7)* [Online-Quelle] [Zugriff am 04.03.2022]. Verfügbar unter: https://www.fortbildungsnavi.de/seminar/2013

EBSTER, Claus und Lieselotte STALZER, 2017. *Wissenschaftliches Arbeiten für Wirtschafts- und Sozialwissenschaftler.* 5., überarbeitete und erweiterte Auflage. Wien: facultas; UTB GmbH.

ELMER, Heinz und Sandra GRUNDMANN, 2020. Videobasierte Beratung von jungen Fachkräften in der Jugendhilfe. In: Björn HAGEN, Hrsg. *Videogestützte Verfahren in den Erziehungshilfen - Entwicklungsperspektiven mit Bildern.* Erstauflage. Dähre: Schöneworth Verlag, 147-151.

FILZMOSER, Gaby, 2021. *Bildungshäuser im digitalen Wandel: Entwicklungspotenziale für das Bildungsmanagement.* Bielefeld: wbv.

FISCHER, Jens-Eckart, 2008. Vom Trainer zum Ausbilder - eine konsequente Weiterentwicklung. In: JOHANNESBURG GMBH, Hrsg. *Das 3. Auge sieht mehr. Mit der Kamera den Stärken auf der Spur.* Surwold: Johannesburg GmbH, 43-46.

FISCHER, Jens-Eckart, Günter VOß und Carsten SCHÜLER, 2008. Video-Interaktionstraining (VIT) für Profis - weil soziale Kompetenz das wichtigste Rüstzeug für soziale Arbeit ist. In: JOHANNESBURG GMBH, Hrsg. *Das 3. Auge sieht mehr. Mit der Kamera den Stärken auf der Spur.* Surwold: Johannesburg GmbH, 79-101.

FLICK, Uwe, 2004. Zur Qualität qualitativer Forschung - Diskurse und Ansätze. In: Udo KUCKARTZ, Thorsten DRESING und Heiko GRUNENBERG, Hrsg. *Qualitative Datenanalyse: computergestützt: Methodische Hintergründe und Beispiele aus der Forschungspraxis.* Wiesbaden: VS Verlag für Sozialwissenschaften, 43-63.

FREIGANG, Angelika, 2017. »...und das habe ich bewirkt?«: Video-Home-Training (VHT)® als Methode zur Erkenntnis von Selbstwirksamkeit. In: SPIN DEUTSCHLAND, Hrsg. *Zertifizierungsarbeiten: Themenheft Nr. 1,* 5-14.

FRÜH, Werner, 2015. *Inhaltsanalyse: Theorie und Praxis.* 8., überarbeitete Auflage. Konstanz: UVK Verlagsgesellschaft mbH.

GENS, Hannelore und Udo HEIMBÜRGER, Hrsg., 1994. *Video-Home-Training: Grundlagen zu Theorie und Praxis.* Düsseldorf: SPIN.

GENS, Hannelore, 2016a. Das Video-Kontakt-Schema (VKS) von Harrie Biemans: Allgemeiner Kommunikations-Support und Entwicklung kompakt! In: Irene GOLTSCHE, Hrsg. *Interaktion im Blick: Video-Home-Training (VHT)® (Kursbuch).* München: DWRO-consult gGmbH, 41-50.

GENS, Hannelore, 2016b. Von Anfang an ziel- und lösungsorientiert: Schritte zur Erarbeitung der Hilfefrage. In: Irene GOLTSCHE, Hrsg. *Interaktion im Blick: Video-Home-Training (VHT)® (Kursbuch).* München: DWRO-consult gGmbH, 63-73.

GENS, Hannelore, 2017. „Wie wir wurden was wir sind" - 20 Jahre SPIN Deutschland e.V.: Chronik der erfolgreichen Implementation des VHT in Deutschland [Online-Quelle] [Zugriff am 26.02.2022]. Verfügbar unter: https:// www.spindeutschland.de/wp-content/uploads/2020/02/Wie-wir-wurden-was-wir-sind-Chronik-der-Implementation -von-VHT.pdf

GENS, Hannelore, 2018a. Ausbildung in VHT- Video Coaching (SPIN) zum VHT- Professional (Practitioner, Guide, Coach) [Online-Quelle] [Zugriff am 04.02.2022]. Verfügbar unter: Hannelore_Gens_VHT_Video_Coaching_aus-gekoppelt_E-book_2018.pdf

GENS, Hannelore, 2018b. Institut Pro Potential [Online-Quelle] [Zugriff am 21.02.2022]. Verfügbar unter: https://hannelore-gens.de/

GENS, Hannelore, 2020a. Mit Bildern sprechen - Entwicklung anstoßen: Die videobasierte Beratung VHT nach der SPIN-Methode. In: Björn HAGEN, Hrsg. Videogestützte Verfahren in den Erziehungshilfen - Entwicklungsperspektiven mit Bildern. Erstauflage. Dähre: Schöneworth Verlag, 10-22.

GENS, Hannelore, 2020b. Ressourcen bündeln - gemeinsam handeln: Ziele und Aktivitäten der Fachgruppe »Videobasierte Beratung« in der Deutschen Gesellschaft für Systemische Therapie, Bertung und Familientherapie e. V. (DGSF). In: Björn HAGEN, Hrsg. Videogestützte Verfahren in den Erziehungs-hilfen - Entwicklungsperspektiven mit Bildern. Erstauflage. Dähre: Schöne-worth Verlag, 185-188.

GISSKE, Anne und Viola HARTUNG-BECK, 2020. Wie werden die Daten in der Qualitativen Inhaltsanalyse ausgewertet? In: Jochem KOTTHAUS, Hrsg. FAQ Methoden der empirischen Sozialforschung für die Soziale Arbeit und andere Sozialberufe. Opladen: Verlag Barbara Budrich, 184-190.

GLÄSER-ZIKUDA, Michaela, 2008. Zum Ertrag Qualitativer Inhaltsanalyse in Pädagogik und Psychologie. In: Philipp MAYRING und Michaela GLÄSER-ZIKUDA, Hrsg. Die Praxis der Qualitativen Inhaltsanalyse. 2., neu ausgestat-tete Auflage. Weinheim: Beltz, 286-296.

GLOGER-WENDLAND, Kerstin und Helga REEKERS, 2014. Ressourcenori-entierte Videoarbeit in der KiTa. nifbe. Osnabrück: Niedersächsisches Institut für frühkindliche Bildung und Entwicklung. 6(25).

GLOGER-WENDLAND, Kerstin und Helga REEKERS, 2018. Ressourcenori-entierte Videoarbeit in der Kita. 2. Auflage.

GOLTSCHE, Irene und Christine RÖSSEL, 2009. Herzlich willkommen bei VHT - eine Einleitung. In: Irene GOLTSCHE, Hrsg. Anwendungsbereiche des Video-Home-Training VHT: Geglücktes im Blick. Bad Heilbrunn: Klinkhardt, 8-12.

GOLTSCHE, Irene, 2009. Video-Home-Training: Elternbefragung 2001-2007. In: Irene GOLTSCHE, Hrsg. Anwendungsbereiche des Video-Home-Training VHT: Geglücktes im Blick. Bad Heilbrunn: Klinkhardt, 165-173.

GOLTSCHE, Irene, 2020. Beziehung im Blick - die videobasierte Beratung VHT als Grundlage für systemisches Video-Coaching und seine Anwendungs-gebiete. In: Björn HAGEN, Hrsg. Videogestützte Verfahren in den Erziehungs-hilfen - Entwicklungsperspektiven mit Bildern. Erstauflage. Dähre: Schöne-worth Verlag, 23-31.

GOLTSCHE, Irene, Hrsg., 2016. *Interaktion im Blick: Video-Home-Training (VHT)® (Kursbuch).* München: DWRO-consult gGmbH.

GRUBER, Elke, 2011. Die Kopplung und Vernetzung von Erwachsenen- und Berufsbildung: Entwicklung, Stand und Perspektiven aus praktischer und theoretischer Sicht. In: Daniela HOLZER, Hrsg. *Reflexionen und Perspektiven der Weiterbildungsforschung.* Münster: Waxmann, 161-172.

GRUNNENBERG, Heiko, 2004. Empirische Befunde zur Qualität qualitativer Sozialforschung: Resultate einer Analyse von Zeitschriftenartikeln. In: Udo KUCKARTZ, Thorsten DRESING und Heiko GRUNENBERG, Hrsg. *Qualitative Datenanalyse: computergestützt: Methodische Hintergründe und Beispiele aus der Forschungspraxis.* Wiesbaden: VS Verlag für Sozialwissenschaften, 65-80.

GUNDLACH, Hanna, 2021. *Jugendliche Eltern und Familienbildung* [Online-Quelle]. Wiesbaden: Springer Fachmedien Wiesbaden [Zugriff am 01.03.2022]. Verfügbar unter: DOI: 10.1007/978-3-658-35922-5

HALM, Alfons, 1996. Einsatzmöglichkeiten von „Video-Interaktions-Begleitung" in der Heimerziehung. In: Max KREUZER und Helga RÄDER, Hrsg. *Video-Home-Training: Kommunikation im pädagogischen Alltag. Eine erprobte Methode (nicht nur) in der Familienhilfe.* Mönchengladbach: Fachhochschule Niederrhein, Fachbereich Sozialwesen, 285-289.

HAWELLEK, Christian, 1997. Von der Kraft der Bilder: Gedanken zur therapeutischen Nutzung von Videointeraktionsanalysen. *Systhema.* Weinheim: IF Weinheim GmbH. **11**(2), 125-135.

HEBERLEIN, Tobias, 2020. *Soziale Berufe* [Online-Quelle] [Zugriff am 20.02.2022]. Verfügbar unter: https://www.azubiyo.de/berufe/soziale-berufe/

HEIMBÜRGER, Udo, 1994a. Bericht über das VHT mit der Familie Lier: Therapeutenperspektive. In: Hannelore GENS und Udo HEIMBÜRGER, Hrsg. *Video-Home-Training: Grundlagen zu Theorie und Praxis.* Düsseldorf: SPIN, 168-174.

HEIMBÜRGER, Udo, 1994b. Eltern zu Hause mit Video helfen. In: Hannelore GENS und Udo HEIMBÜRGER, Hrsg. *Video-Home-Training: Grundlagen zu Theorie und Praxis.* Düsseldorf: SPIN, 9-11.

HEIN, Lara Corinna, 2020. VHT international - videobasierte Beratung VHT in der Kinder- und Jugendhilfe in kulturellen Kontexten. In: Björn HAGEN, Hrsg. *Videogestützte Verfahren in den Erziehungshilfen - Entwicklungsperspektiven mit Bildern.* Erstauflage. Dähre: Schöneworth Verlag, 179-184.

HERRIGER, Norbert, 2020. *Empowerment in der Sozialen Arbeit: Eine Einführung.* 6., erweiterte und aktualisierte Auflage. Stuttgart: W. Kohlhammer Verlag.

HINZE, Florian und Bettina KURZ, 2020. *Wirkungsanalyse, Monitoring, Evaluation* [Online-Quelle] [Zugriff am 17.02.2022]. Verfügbar unter: https://www.wirkung-lernen.de/wirkungsanalyse/vorbereiten/monitoring-evaluation/#

HIRTZ, Agnes und Barbara JOUCK, 1996. Unsere Erfahrungen mit dem Video-Home-Training: Eine Erfolgsgeschichte. In: Max KREUZER und Helga RÄDER, Hrsg. *Video-Home-Training: Kommunikation im pädagogischen Alltag. Eine erprobte Methode (nicht nur) in der Familienhilfe.* Mönchengladbach: Fachhochschule Niederrhein, Fachbereich Sozialwesen, 65-74.

HORST, Klaus ter, 2009. Strategien zur nachhaltigen Implementierung des Video-Home-Trainings. In: Irene GOLTSCHE, Hrsg. *Anwendungsbereiche des Video-Home-Training VHT: Geglücktes im Blick.* Bad Heilbrunn: Klinkhardt, 156-164.

JOEPGEN | INSTITUT FÜR MARKTFORSCHUNG AUS MÜNSTER, 2021. *Fokusgruppen und Gruppendiskussionen* [Online-Quelle] [Zugriff am 11.11.2021]. Verfügbar unter: https://joepgen.net/fokusgruppen/

KLESSINGER, Nicolai, 2008. Was die Begleitforschung zu VHT herausgefunden hat. In: JOHANNESBURG GMBH, Hrsg. *Das 3. Auge sieht mehr: Mit der Kamera den Stärken auf der Spur.* Surwold: Johannesburg GmbH, 68-78.

KOCH, Bettina, 2009. Gute Kommunikation - besseres Lernen: Wie gelungene Kommunikation Lernen fördert und was Video-School-Training dazu beiträgt. In: Irene GOLTSCHE, Hrsg. *Anwendungsbereiche des Video-Home-Training VHT: Geglücktes im Blick.* Bad Heilbrunn: Klinkhardt, 118-126.

KRAUS, Katharina, 2020. *Neues Ausbildungsjahr: Gewerkschaft NGG fürchtet um Berufsanfänger* [Online-Quelle] [Zugriff am 20.02.2022]. Verfügbar unter: https://www.ansbachplus.de/2020/07/29/neues-ausbildungsjahr-gewerkschaft-ngg-fuerchtet-um-berufsanfaenger/

KREUZER, Max und Helga RÄDER, Hrsg., 1996. *Video-Home-Training: Kommunikation im pädagogischen Alltag. Eine erprobte Methode (nicht nur) in der Familienhilfe.* Mönchengladbach: Fachhochschule Niederrhein, Fachbereich Sozialwesen.

KREUZER, Max, 1996. Einschätzung der Methode des Video-Home-Training durch Eltern. In: Max KREUZER und Helga RÄDER, Hrsg. *Video-Home-Training: Kommunikation im pädagogischen Alltag. Eine erprobte Methode (nicht nur) in der Familienhilfe.* Mönchengladbach: Fachhochschule Niederrhein, Fachbereich Sozialwesen, 173-197.

KREUZER, Max, 2007. Entwicklung des Video-Home-Trainings (VHT) in den Niederlanden. *Dialog Erziehungshilfe.* Hannover: AFET - Bundesverband für Erziehungshilfe. **2**(2), 35-42.

KRÖNER, Simone, 2017. Video-Home-Training (VHT). In: Peter BAUMEISTER, Annette BAUER, Reinhild MERSCH, Christa-Maria PIGULLA und Johannes RÖTTGEN, Hrsg. *Arbeitsfeld Ambulante Hilfen der Erziehung: Standards, Qualität und Vielfalt.* Freiburg: Lambertus-Verlag, 116-119.

KRUG, Melanie, 2009. Videobasierte Methoden der Bildungsforschung. Sozial-, erziehungs- und kulturwissenschaftliche Nutzungsweisen. *ZQF – Zeitschrift für Qualitative Forschung.* Leverkusen: Budrich Jounals. **10**(1), 161-167.

KUCKARTZ, Udo und Stefan RÄDIKER, 2020. *Fokussierte Interviewanalyse mit MAXQDA: Schritt für Schritt* [Online-Quelle]. Wiesbaden: Springer Fachmedien Wiesbaden [Zugriff am 20.04.2022]. Verfügbar unter: DOI: 10.1007/97 8-3-658-31468-2

KUCKARTZ, Udo, 2004. QDA-Software im Methodendiskurs: Geschichte, Potentiale, Effekte. In: Udo KUCKARTZ, Thorsten DRESING und Heiko GRUNENBERG, Hrsg. *Qualitative Datenanalyse: computergestützt: Methodische Hintergründe und Beispiele aus der Forschungspraxis.* Wiesbaden: VS Verlag für Sozialwissenschaften, 11-26.

KUCKARTZ, Udo, 2012. *Qualitative Inhaltsanalyse: Methoden, Praxis, Computerunterstützung.* Weinheim: Beltz Juventa.

KÜHN, Thomas und Kay-Volker KOSCHEL, 2011. *Gruppendiskussionen: Ein Praxis-Handbuch.* Wiesbaden: Springer VS.

LENZ, Werner, 2011. „Du hast ein ganzes Dorf gebildet": 25 Jahre Erwachsenenbildung als Wissenschaft an der Universität Graz. In: Daniela HOLZER, Hrsg. *Reflexionen und Perspektiven der Weiterbildungsforschung.* Münster: Waxmann, 15-26.

MARTE MEO INTERNATIONAL, 2020. *Die Marte Meo Methode* [Online-Quelle] [Zugriff am 24.02.2022]. Verfügbar unter: https://www.martemeo.com/de/uber-marte-meo/die-marte-meo-methode/

MAXQDA, 2022. *MAXQDA | Software für qualitative Datenanalyse* [Online-Quelle] [Zugriff am 21.03.2022]. Verfügbar unter: https://www.maxqda.de/warum-maxqda

MAYRING, Philipp, 2008. Neuere Entwicklungen in der qualitativen Forschung und der Qualitativen Inhaltsanalyse. In: Philipp MAYRING und Michaela GLÄSER-ZIKUDA, Hrsg. *Die Praxis der Qualitativen Inhaltsanalyse.* 2., neu ausgestattete Auflage. Weinheim: Beltz, 7-19.

MAYRING, Philipp, 2015. *Qualitative Inhaltsanalyse: Grundlagen und Techniken.* 12., überarbeitete Auflage. Weinheim: Beltz.

MAYRING, Philipp, 2016. *Einführung in die qualitative Sozialforschung.* 6., neu ausgestattete, überarbeitete Aufl. Weinheim: Beltz.

MEIER, Franziska und Manuel NEUBACHER, 2008. *Kamera im Wohnzimmer: Eine qualitative Befragung von Eltern zum Video Home Training in der Erziehungsberatung* [Online-Quelle]. Bern und Zürich: Angewandte Psychologie [Zugriff am 25.03.2022]. Verfügbar unter: https://digitalcollection.zhaw.ch/bitst ream/11475/686/ 1/ba0027.pdf

MENNEMANN, Hugo und Jörn DUMMANN, 2020. *Einführung in die Soziale Arbeit* [Online-Quelle]. 3. Auflage. Baden-Baden: Nomos Verlagsgesellschaft [Zugriff am 20.02.2022]. Verfügbar unter: DOI: 10.5771/9783748903048

MERTEN, Klaus, 1995. *Inhaltsanalyse: Einführung in Theorie, Methode und Praxis.* 2., verbesserte Auflage. Opladen: Westdeutscher Verlag.

MORGAN, David L., 1996. Focus Groups. *Annual Review of Sociology.* **22**(1), 129-152.

MORGAN, David L., 2009. *Focus groups as qualitative research* [Online-Quelle]. Thousand Oaks, Calif.: SAGE Publications, Inc [Zugriff am 18.03.2022]. Verfügbar unter: DOI: 10.4135/9781412984287

NEE, Sandra, 2008. Was ist VHT?: Einführung in die Methode. In: JOHANNESBURG GMBH, Hrsg. *Das 3. Auge sieht mehr. Mit der Kamera den Stärken auf der Spur.* Surwold: Johannesburg GmbH, 47-52.

NIKLAUS LOOSLI, Therese, 2020. Interaktion mit der Marte Meo Methode neurobiologisch wirksam nutzen. In: Björn HAGEN, Hrsg. *Videogestützte Verfahren in den Erziehungshilfen - Entwicklungsperspektiven mit Bildern.* Dähre: Schöneworth Verlag, 32-50.

PIESCHE, Jacqueline, 1994. Video-Home-Training für Familien mit einem hyperaktiven Kind. In: Hannelore GENS und Udo HEIMBÜRGER, Hrsg. *Video-Home-Training: Grundlagen zu Theorie und Praxis.* Düsseldorf: SPIN, 134-141.

POLUTTA, Andreas, 2019. Diskursanalytische Perspektiven zu Wirkung und Wirkungsforschung. In: Maik-Carsten BEGEMANN, Christian BLECK und Reinhard LIEBIG, Hrsg. *Wirkungsforschung zur Kinder- und Jugendhilfe: Grundlegende Perspektiven und arbeitsfeldspezifische Entwicklungen.* Weinheim: Beltz, 22-44.

PRENZEL, Manfred, Matthias HUBER, Claude MULLER, Brigitta HÖGER, Johannes REITINGER, Manuel BECKER, Susanna HOYER, Michael HOFER und Marko LÜFTENEGGER, 2021. *Der Berufseinstieg in das Lehramt: Eine formative Evaluation der neuen Induktionsphase in Österreich* [Online-Quelle]. München: Waxmann Verlag [Zugriff am 03.03.2022]. Verfügbar unter: https://di rectory.doabooks.org /han dle/20.500.12854/64128

RÄDER, Helga, 1996a. Video-Home-Training im Rahmen der gesellschaftlichen Entwicklung von familiären Lebenswelten. In: Max KREUZER und Helga RÄDER, Hrsg. *Video-Home-Training: Kommunikation im pädagogischen Alltag. Eine erprobte Methode (nicht nur) in der Familienhilfe.* Mönchengladbach: Fachhochschule Niederrhein, Fachbereich Sozialwesen, 403-421.

RÄDER, Helga, 1996b. Wie wird für Video-Home-Training ausgebildet? In: Max KREUZER und Helga RÄDER, Hrsg. *Video-Home-Training: Kommunikation im pädagogischen Alltag. Eine erprobte Methode (nicht nur) in der Familienhilfe.* Mönchengladbach: Fachhochschule Niederrhein, Fachbereich Sozialwesen, 203-222.

REEKERS, Helga, 2009. Video-Interaktions-Diagnostik (VID) - eine effektive Methode zur Qualitätssicherung in Kindertageseinrichtungen. In: Irene GOLTSCHE, Hrsg. *Anwendungsbereiche des Video-Home-Training VHT: Geglücktes im Blick.* Bad Heilbrunn: Klinkhardt, 52-62.

REICHERT-GARSCHHAMMER, Eva und Christa KIEFERLE, 2011. *Sprachliche Bildung im Kontext von Partizipation, Ko-Konstruktion und Inklusion: Kindertageseinrichtungen auf dem Weg ... Ein Handbuch für Ausbildung und Praxis.* Freiburg im Breisgau: Verlag Herder.

REIFENRATH, Bruno H., 1983. *Grundlegung einer Erwachsenenbildung: Praxeologischer Ansatz.* Frankfurt am Main: Diesterweg.

REISCHMANN, Jost, 1993. Erfassung von Weiterbildungs-Wirkungen: Probleme und Möglichkeiten. *Grundlagen der Weiterbildung (GdWZ)* [Online-Quelle]. **28**(4), 199-206 [Zugriff am 07.11.2021]. Verfügbar unter: http://www.re ischmannfam.de/lit/1993-WB-Wirkungen-GdWZ.pdf

REISCHMANN, Jost, 2006. *Weiterbildungs-Evaluation: Lernerfolge messbar machen.* 2. Auflage. Augsburg: ZIEL.

REMDISCH, Sabine und Christian OTTO, 2016. *Erfolgsfaktoren der Weiterbildung: Studiengestaltung für Learning Professionals* [Online-Quelle]. Bielefeld: Bertelsmann [Zugriff am 21.02.2022]. Verfügbar unter: DOI: 10.3278/600438 7w

RÖSSEL, Christine, 2016. Teilhabe und Empowerment als Leitprinzipien der videogestützten Arbeit: im Feld der Begleiteten Elternschaft (BE). In: Irene GOLTSCHE, Hrsg. *Interaktion im Blick: Video-Home-Training (VHT)® (Kursbuch).* München: DWRO-consult gGmbH, 85-93.

RUDOLF, Schmitt, 2011. (Nicht-)Wirkungen erkunden: Möglichkeiten und Grenzen der systematischen Metaphernanalyse in der sozialwissenschaftlichen Wirkungsforschung. In: Ingrid MIETHE, Natalie EPPLER und Armin SCHNEIDER, Hrsg. *Qualitative und Quantitative Wirkungsforschung: Ansätze, Beispiele, Perspektiven.* Leverkusen-Opladen: Verlag Barbara Budrich, 185-202.

RUSTEMEYER, Ruth, 1992. *Praktisch-methodische Schritte der Inhaltsanalyse: Eine Einführung am Beispiel der Analyse von Interviewtexten.* Münster: Aschendorff.

SAINT-EXUPÉRY, Antoine de, 1950. *Der kleine Prinz* [Online-Quelle]. Zürich: Arche Verlag [Zugriff am 02.02.2022]. Verfügbar unter: http://nbn-resolving.org /urn:nbn:de :bsz:24-epflicht-1314002

SANNE, Matthias, 2009. VST-Kompetenz- und Bewerbungstraining für Jugendliche. In: Irene GOLTSCHE, Hrsg. *Anwendungsbereiche des Video-Home-Training VHT: Geglücktes im Blick.* Bad Heilbrunn: Klinkhardt, 127-134.

SCHÄFER, Martina, 2021. *Arbeiten im Sozialraum: Supervision als Chance für eine professionelle Weiterentwicklung der Gemeinwesenarbeit.* Wiesbaden: Springer Fachmedien Wiesbaden.

SCHÄFER, Silke, 2017. Werkzeuge, die die Bilder verstärken: Pädagogische Mittel zur nachhaltigen Verankerung von VHT-Ergebnissen im familiären Alltag. In: SPIN DEUTSCHLAND, Hrsg. *Zertifizierungsarbeiten: Themenheft Nr. 1*, 85-93.

SCHAFFER, Hanne Isabell, 2002. *Empirische Sozialforschung für die Soziale Arbeit: Eine Einführung.* Freiburg: Lambertus-Verlag.

SCHEPERS, Guy und Claudia KÖNIG, 2000. *Video-Home-Training: Eine neue Methode der Familienhilfe.* Weinheim: Beltz.

SCHEPERS, Guy, 2008. VHT / ORION VIT: Ausbilder Guy Schepers. In: JO-HANNESBURG GMBH, Hrsg. *Das 3. Auge sieht mehr: Mit der Kamera den Stärken auf der Spur.* Surwold: Johannesburg GmbH, 8.

SCHILLING, Johannes und Sebastian KLUS, 2018. *Soziale Arbeit: Geschichte, Theorie, Profession* [Online-Quelle]. 7., aktualisierte Auflage. München: Ernst Reinhardt Verlag; UTB [Zugriff am 14.03.2022]. Verfügbar unter: DOI: 10.36198/978383 8587295

SCHLATTER, Christoph, 2021. *Sozialbereich* [Online-Quelle] [Zugriff am 20.02.2022]. Verfügbar unter: https://vpod.ch/themen/sozialbereich/

SCHNACKERZ, Michelle, 2021. *Kamera an! Video-Home-Training mit Kindern als sozialpädagogische Methode in der stationären Hilfe zur Erziehung.* Stuttgart: Duale Hochschule Baden-Württemberg.

SCHNEIDER, Armin, 2011. Professionelle Wirkung zwischen Standardisierung und Fallverstehen: Zum Stand der Wirkungsforschung. In: Ingrid MIETHE, Natalie EPPLER und Armin SCHNEIDER, Hrsg. *Qualitative und Quantitative Wirkungsforschung: Ansätze, Beispiele, Perspektiven.* Leverkusen-Opladen: Verlag Barbara Budrich, 13-32.

SCHNEIDER, Klaus, 2021. *Der Berufseinstieg von Lehrpersonen: Übergang und erste Berufsjahre im Kontext lebenslanger Professionalisierung.* Bad Heilbrunn: Verlag Julius Klinkhardt.

SCHRADER, Achim, 1971. *Einführung in die empirische Sozialforschung: Ein Leitfaden für die Planung, Durchführung und Bewertung von nicht-experimentellen Forschungsprojekten.* Stuttgart: Kohlhammer.

SCHUCK, Hartmut, 1996. Video-Home-Training: ein Angebot im Rahmen der „Hilfen zur Erziehung" im KJHG. In: Max KREUZER und Helga RÄDER, Hrsg. *Video-Home-Training: Kommunikation im pädagogischen Alltag. Eine erprobte Methode (nicht nur) in der Familienhilfe.* Mönchengladbach: Fachhochschule Niederrhein, Fachbereich Sozialwesen, 259-264.

SCHÜßLER, Ingeborg, 2012. Zur (Un-)Möglichkeit einer Wirkungsforschung in der Erwachsenenbildung. Kritische Analysen und empirische Befunde. *Report. Zeitschrift für Weiterbildungsforschung* [Online-Quelle]. **35**(3), 53-65 [Zugriff am 06.11.2021]. Verfügbar unter: http://www.die-bonn.de/doks/report/201 2-lernforschung-02.pdf

SPIN DEUTSCHLAND, 2021. *SPIN-DGVB Deutsche Gesellschaft für videobasierte Beratung e.V.* [Online-Quelle] [Zugriff am 16.02.2022]. Verfügbar unter: https://www. spindeutschland.de/

STATISTA, 2020. *Coronavirus: Branchen, die besonders stark betroffen sind* [Online-Quelle] [Zugriff am 20.02.2022]. Verfügbar unter: https://de.statista.com/statistik/daten/studie/1107964/umfrage/branchen-in-deutschland-die-durch-covid-19-besonders-stark-betroffen-sind/

STIFTUNG JUGENDHILFE AKTIV, 2019. *Stiftung Jugendhilfe aktiv: Video-Home-Training in einer Familie* [Online-Quelle] [Zugriff am 03.03.2022]. Verfügbar unter: https://www.youtube.com/watch?v=DUNdBNOcfNI&t=328s&ab_ channel=StiftungJugendhilfeaktiv

STROUVELLE, Christoph, 2018. *Wie Firmen Berufsanfänger umwerben* [Online-Quelle] [Zugriff am 20.02.2022]. Verfügbar unter: https://www.volksfreund.de/region/mosel-wittlich-hunsrueck/wie-firmen-berufsanfaenger-umwerben_ai d-33022567

STURM, Gabriele, 2010. Forschungsmethodologie: Vorüberlegungen für eine Evaluation feministischer (Sozial-)Forschung. In: Ruth BECKER und Beate KORTENDIEK, Hrsg. *Handbuch Frauen- und Geschlechterforschung: Theorie, Methoden, Empirie.* 3., erweiterte und durchgesehene Auflage. Wiesbaden: VS Verlag für Sozialwissenschaften, 400-408.

TIEDEMANN, Claudia, 2020. *Die Methode Video-Home-Training (VHT) aus Sicht der Erwachsenenbildung: Zur Berücksichtigung erwachsenenpädagogischer Aspekte im Ablauf eines VHT* [Online-Quelle] [Zugriff am 06.03.2022]. Verfügbar unter: https://www.grin.com/document/923778

TÖDT, Katia, 2008. *Lernerorientierte Qualitätstestierung für Bildungsveranstaltungen (LQB): Grundlegung von Modell und Methode.* Bielefeld: Bertelsmann.

TREISCHL, Edgar und Tobias WOLBRING, 2020. *Wirkungsevaluation: Grundlagen, Standards, Beispiele.* Weinheim: Beltz.

VERMEULEN, Henk, 1994. Video-Home-Training mit Jugendlichen über 12 Jahren. In: Hannelore GENS und Udo HEIMBÜRGER, Hrsg. *Video-Home-Training: Grundlagen zu Theorie und Praxis.* Düsseldorf: SPIN, 142-151.

VLASAK, Annette und Ulrike LÜSSOW, 2010. *Video Home Training in der Begleiteten Elternschaft* [Online-Quelle] [Zugriff am 16.02.2022]. Verfügbar unter: http://begleitete-elternschaft-bb.org/pdf/fachlichestandards/Video_Home_Trai nig_id_Begleiteten_Elternschaft.pdf

WOLFBURGER ALLGEMEINE, 2020. *Stadt Wolfsburg begrüßt 60 Berufsanfänger* [Online-Quelle] [Zugriff am 20.02.2022]. Verfügbar unter: https://www.w az-online.de/ Wolfsburg/Stadt-Wolfsburg/Ausbildung-Stadt-Wolfsburg-begru esst-60-Berufsanfaenger

WOLLERSHEIM, Heinz-Werner, Marios KARAPANOS und Norbert PENGEL, 2021. Bildung in der digitalen Transformation. In: Heinz-Werner WOLLERSHEIM, Marios KARAPANOS und Norbert PENGEL, Hrsg. *Bildung in der digitalen Transformation.* Münster: Waxmann, 11-12.

ZWICK, Michael M. und Regina SCHRÖTER, 2012. Konzeption und Durchführung von Fokusgruppen am Beispiel des BMBF-Projekts „Übergewicht und Adipositas bei Kindern, Jugendlichen und jungen Erwachsenen als systemisches Risiko". In: Marlen SCHULZ, Birgit MACK und Ortwin RENN, Hrsg. *Fokusgruppen in der empirischen Sozialwissenschaft: Von der Konzeption bis zur Auswertung* [Online-Quelle]. Wiesbaden: Springer VS, 24-48 [Zugriff am 03.05.2022]. Verfügbar unter: DOI: 10.1007/9 78-3-531-19397-7_2

9. Anhänge

9.1 Leitfaden

Aufbau	Ablauf	Inhalt	Zeit
Einleitung	Begrüßung	• Begrüßung zur Diskussionsrunde • Danksagung für Teilnahme	1 min
	Vorstellung Moderatorin, Thema und Methode	• Vorstellung der Masterarbeit und der Wirkungsanalyse • Vorstellung Moderatorin • Einführung in Fokusgruppendiskussionen • Klärung der Rolle als Moderatorin	5 min
	Klärung der Rahmenbedingungen	• Hinweise zu Datenschutz und Anonymität • Hinweis auf Aufzeichnungsgerät • Klärung der Freiwilligkeit • Darstellung des Ablaufs und Zeitrahmens	3 min
	Nachfrage	Habt Ihr vorab noch Fragen zur Vorgehensweise oder Ähnlichem?	ca. 1-2 min
Hauptteil	Eröffnungsfragen	1. Zunächst würde es mich interessieren, in welchem Arbeitsfeld Ihr tätig seid und welche Funktion Ihr darin einnehmt? 2. Wie und wann seid Ihr auf die videobasierte Beratungsmethode VHT aufmerksam geworden?	ca. 10 min
	Hauptfragen: VHT	3. Wie erlebt Ihr im Allgemeinen die Anwendung der VHT-Methode? 4. Welche positiven Wirkungen und Erfolge sind Euch im Verlauf der VHT-Methode aufgefallen? 5. Welche Grenzen und Schwierigkeiten sind Euch im Verlauf der VHT-Methode aufgefallen? 6. Welche Unterschiede fallen Euch auf, seitdem Ihr mit VHT arbeitet? *Potenzielle Nachfragen:* - zum Beispiel in Euren Ansichten? - oder Euren Handlungen?	ca. 20 min
	Hauptfragen: *Positive Bilder*	7. Wie fühlt es sich für Euch an, sich in der Rückschau und der gemeinsamen Reflexion selbst zu sehen bzw. welchen Eindruck machen die Berufsanfänger*innen, wenn sie sich selbst sehen?	ca. 25 min

Hauptteil	Hauptfragen: *Positive Bilder*	8. Was löst das Anschauen der gelungenen Aufnahmen oder einzelnen *Positiven Bilder* in Euch aus bzw. welche Gefühle sind bei den Berufseinsteiger*innen wahrnehmbar und was drücken sie sprachlich dabei aus, wenn Ihr Euch gemeinsam die gelungenen Aufnahmen oder einzelnen *Positiven Bilder* anschaut?	ca. 25 min
		9. Inwieweit unterstützen die gelungenen Aufnahmen die positiven Effekte der VHT-Methode bzw. Eure Arbeit als VHT-Professional?	
		10. Mit welchem Blick seht Ihr in der Rückschau auf Eure Klient*innen und welchen Einfluss hat dies auf Eure Arbeit mit ebenjenen?	
		11. Was könnt Ihr aus den *Positiven Bildern* für Eure Praxis mitnehmen bzw. inwiefern wirken sich die *Positiven Bilder* auf die Arbeit der Berufsanfänger*innen in den Einrichtungen aus?	
	Abschlussfrage	12. Gibt es noch etwas, das Euch zu VHT im Allgemeinen oder dem Wirkfaktor der *Positiven Bilder* im Speziellen einfällt und Ihr mir noch mitteilen möchtet?	ca. 2-3 min
Schluss	abschließende Worte	• Zusammenfassung • nochmalige Danksagung • Ausblick geben	5 min
	Nachfrage	Gibt es von Eurer Seite noch Fragen zu dem Projekt oder der Fokusgruppendiskussion?	ca. 1-2 min
	Verabschiedung	• Äußerung von Grüßen und Wünschen • Verabschiedung von den Teilnehmenden	1 min

Tabelle 3: Leitfaden der Fokusgruppendiskussionen (eigene Darstellung)

9.2 Transkriptionsregeln

Vereinfachtes Transkriptionssystem
nach Dresing & Pehl (2011)

1. Transkriptionsregeln

1. Es wird wörtlich transkribiert, also nicht lautsprachlich oder zusammenfassend. Vorhandene Dialekte werden möglichst wortgenau ins Hochdeutsche übersetzt. Wenn keine eindeutige Übersetzung möglich ist, wird der Dialekt beibehalten, zum Beispiel: Ich gehe heuer auf das Oktoberfest.

2. Wort- und Satzabbrüche sowie Stottern werden geglättet bzw. ausgelassen, Wortdoppelungen nur erfasst, wenn sie als Stilmittel zur Betonung genutzt werden: „Das ist mir sehr, sehr wichtig."

3. Wortverschleifungen werden nicht transkribiert, sondern an das Schriftdeutsch angenähert. Beispielsweise wird aus „Er hatte noch so'n Buch genannt" wird zu „Er hatte noch so ein Buch genannt" und „hamma" wird zu „haben wir". Die Satzform wird beibehalten, auch wenn sie syntaktische Fehler beinhaltet, beispielsweise: „bin ich nach Kaufhaus gegangen."

4. Interpunktion wird zu Gunsten der Lesbarkeit geglättet, das heißt bei kurzem Senken der Stimme oder uneindeutiger Betonung, wird eher ein Punkt als ein Komma gesetzt. Dabei sollen Sinneinheiten beibehalten werden.

5. Pausen werden durch drei Auslassungspunkte in Klammern (…) markiert.

6. Verständnissignale des gerade nicht Sprechenden wie „mhm, aha, ja, genau, ähm" etc. werden nicht transkribiert. AUSNAHME: Eine Antwort besteht NUR aus „mhm" ohne jegliche weitere Ausführung. Dies wird als „mhm (bejahend)", oder „mhm (verneinend)" erfasst, je nach Interpretation.

7. Besonders betonte Wörter oder Äußerungen werden durch GROSS-SCHREIBUNG gekennzeichnet.

8. Jeder Sprecherbeitrag erhält eigene Absätze. Zwischen den Sprechern gibt es eine freie, leere Zeile. Auch kurze Einwürfe werden in einem separaten Absatz transkribiert. Mindestens am Ende eines Absatzes werden Zeitmarken eingefügt. Beispielsweise:

B: Ich habe es dort #00:02:05-3#

I: Wo genau? #00:02:05-9#

B: gekauft. Im Kaufhaus um die Ecke. …

9. Emotionale nonverbale Äußerungen der befragten Person und des Interviewers, die die Aussage unterstützen oder verdeutlichen (etwa wie lachen oder seufzen), werden beim Einsatz in Klammern notiert.

10. Unverständliche Wörter werden mit (unv.) gekennzeichnet. Längere unverständliche Passagen sollen möglichst mit der Ursache versehen werden (unv., Handystörgeräusch) oder (unv., Mikrofon rauscht). Vermutet man einen Wortlaut, ist sich aber nicht sicher, wird das Wort bzw. der Satzteil mit einem Fragezeichen in Klammern gesetzt. Zum Beispiel: (Xylomethanolin?) Generell werden alle unverständlichen Stellen mit einer Zeitmarke versehen, wenn innerhalb von einer Minute keine Zeitmarke gesetzt ist.

11. Die interviewende Person wird durch ein „I:", die befragte Person durch ein „B:" gekennzeichnet. Bei mehreren Interviewpartnern (z.B. Gruppendiskussion) wird dem Kürzel „B" eine entsprechende Kennnummer oder Name zugeordnet (z.B. „B1:", „Peter:").

12. Das Transkription wird als Rich Text Format (.rtf Datei) gespeichert. Benennung der Datei entsprechend des Audiodateinamens (ohne Endung wav, mp3). Beispielsweise: Interview_04022011.rtf oder interview_schmitt.rtf

13. Anonymisierung nimmt der/die Auftraggeber/in vor.

2. Zeicheninventar

(...)	Pause
SICHER	Besondere Betonung
B: Ich habe dort I: Wo genau? B: eingekauft.	Jeder Sprecher hat eigene Absätze, auch bei kurzen Einwürfen.
(lachen), (seufzen)	Charakterisierung von nonverbalen Äußerungen, die die Aussagen unterstützen. Steht vor der entsprechenden Stelle.
(unv.) #Zeitmarke#	Unverständliche Äußerung mit Zeitmarke
(unv., Handystörgeräusch) #Zeitmarke#	Bei längeren Passagen möglichst mit Ursache
(Marburg?)	Vermuteter Wortlaut

Tabelle 4: Zeicheninventar (Dresing und Pehl 2011: 16)

9.3 Transkriptionsbeispiel

Arbeitsfeld: Kindertagesstätte
Datum: Donnerstag, den 24. Februar 2022
Uhrzeit: 19.00 – 20.00 Uhr
Ort: *Zoom* (online)

I: (...) Ich glaube sie läuft, ja. Dann würde ich mal mit der ersten Frage beginnen. Ähm und zwar würde mich interessieren erstmal, in welchem Arbeitsfeld Ihr tätig seid und welche Funktion Ihr darin einnehmt. #00:00:24-7#

B1: (...) Dann fange ich einfach mal an. Also ich studiere gerade noch Frühkindliche Bildung und Erziehung und bin ähm, bin jetzt im fünften Semester also am Ende, ich komme jetzt ins sechste Semester. Und ja also dadurch, dass wir jetzt nicht unbedingt, wir hatten halt immer verschiedene Praktikas, die wir dann in der Kita oder irgendwo absolvieren sollten (gestikulierend). Und ähm ja, und jetzt arbeite ich noch nebenher in einer Kita, wo auch Matthias* ist und auch die Jana. Und sonst habe ich jetzt nicht unbedingt noch Bezug dazu, weil wir das immer selber entscheiden müssen im Prinzip, ob wir jetzt irgendwo noch arbeiten wollen nebenher oder nicht, weil das jetzt von der Hochschule jetzt nicht unbedingt vorgesehen ist, dass wir da ähm zweimal in der Woche immer irgendwo in einer Einrichtung sind und begleitet werden. #00:01:20-9#

I: Darf ich Dich kurz was fragen. Äh, wo studierst Du das? #00:01:22-5#

B1: In Ludwigsburg. #00:01:23-9#

I: Ah, an der PH? #00:01:25-9#

B1: Ja, also EH und PH, ja. #00:01:28-2#

I: Okay, okay, da habe ich auch studiert tatsächlich, meinen Bachelor, nur ein kleiner Einwurf (lachend). Ähm, ich habe auch Frühkindliche Bildung studiert. #00:01:34-4#

B1: Okay. (lacht) #00:01:35-6#

I: Dort, im Bachelor und jetzt mache ich den Master in Sozialer Arbeit. (...) Okay, wer möchte weitermachen? #00:01:42-9#

B2: (...) Äh, sonst kann ich einfach mal weitermachen, dann passt das glaube ich. Äh, ähm ich bin PiA-Auszubildende im zweiten Jahr, also ich mache die praxisintegrierte Ausbildung.

Alle Namen wurden anonymisiert

9.4 Kodierleitfaden

Kategorie	Code	Definition	Ankerbeispiel
Arbeits-bereiche	Arbeitsfeld „Kindertagesstätte"	Diejenigen Befragten, die im Arbeitsfeld „Kindertagesstätte" tätig sind	„Ich arbeite auch in der Krippe als hundert Prozent Fachkraft." (Kita, P2, Z. 37)
	Arbeitsfeld „Kinder- und Jugendhilfe"	Diejenigen Befragten, die im Arbeitsfeld „Kinder- und Jugendhilfe" tätig sind	„Ich bin Sozialarbeiterin und arbeite in der stationären Kinder- und Jugendhilfe oder Erziehungshilfe. Ähm und arbeite in einer stationären Einrichtung, die sich darauf fokussiert hat, Kinder ähm wieder zurück in die Herkunftsfamilie zu führen." (Kinder- und Jugendhilfe, P2, Z. 38-41)
Erfahrungen mit VHT	viel Erfahrung	Diejenigen Befragten, die angaben, länger als ein Jahr mit VHT zu arbeiten	„Ich hatte vor (Blick nach rechts) ähm (...) 14 Jahren oder so (lacht), Ewigkeiten, eine Fortbildung gemacht zum Thema Elternarbeit oder Methodenkoffer in der Elternarbeit oder irgendwie so und das war eine ähm VHT-Fortbildung." (Kinder- und Jugendhilfe, P1, Z. 89-91)
	wenig Erfahrung	Diejenigen Befragten, die angaben, kürzer als ein Jahr mit VHT zu arbeiten	„Oktober, ja, hat das ISP angefangen und wir haben mit dem Filmen dann glaube ich, im November dann erst angefangen, also nach den Herbstferien haben wir dann mit Filmen angefangen." (Kinder- und

			Jugendhilfe, B2, Z. 120-122)
Erfahrungen mit VHT	positive Erfahrung	Erfahrungsberichte mit und über VHT, die von positiven Aspekten wie Wirkungen und Erfolgserlebnissen geprägt sind	„Ich muss zugeben, es ist gigantisch. Viel, viel besser, wie ich es mir vorgestellt habe. Und ähm also ich habe das Gefühl, man möchte eigentlich nur noch mit VHT arbeiten." (Kita, P2, Z. 89-93)
	negative Erfahrungen	Erfahrungsberichte mit und über VHT, die von negativen Aspekten wie Schwierigkeiten und Herausforderungen geprägt sind	„Also ich wusste das davor NICHT und genau, aber ähm ich fand das total spannend und habe mich dann aber nie getraut. Also ich hatte halt keine Ahnung von Technik und diese Vorstellung mit der Kamera irgendwas aufzunehmen war für mich viel zu groß, also ja, war für mich nicht vorstellbar." (Kinder- und Jugendhilfe, P1, Z. 91-95)
Wirkungen	Wirkungen auf Berufsanfänger*innen	Wirkungen und Erfolge, die sich bei den Berufsanfänger*innen während des VHT-Prozesses zeigten und sowohl von den VHT-Professionals als auch den Berufsanfänger*innen genannt wurden	„Was ich bei Jana und bei Paula entdeckt habe, ähm, dass die Sichtweise auf sich selber eine ganz, ganz andere wurde. Also sie wurde viel, viel POSITIVER, viel, viel WERTSCHÄTZENDER und sie sind auch viel sensibler geworden für gewisse Nuancen, ähm die man dann entdecken kann, die man dann auch wieder in den Alltag transferieren kann."

			(Kita, P2, Z. 193-197)
Wirkungen	Wirkungen auf VHT-Professionals	Wirkungen und Erfolge, die sich bei den VHT-Professionals während des VHT-Prozesses zeigten und sowohl von den VHT-Professionals als auch den Berufsanfänger*innen genannt wurden	„Also ich hatte letzte Woche ein Mitarbeitergespräch mit meiner Chefin ähm und natürlich ist sie auch auf den VHT-Punkt gekommen und sie hat dann nochmal ausdrücklich auch gesagt, wie toll sie das findet, was für eine Entwicklung ich durch VHT machen konnte. Also sie sieht das tatsächlich im Alltag." (Kita, P2, Z. 321-324)
	Wirkungen auf Klient*innen	Wirkungen und Erfolge, die sich bei den unterschiedlichen Klient*innen während des VHT-Prozesses zeigten und sowohl von den VHT-Professionals als auch den Berufsanfänger*innen genannt wurden	„Ich habe manchmal das Gefühl, die profitieren genauso von wie wir auch. Ähm also bei Kinderprozessen merke ich ganz arg, wie viel das mit dem Selbstwertgefühl macht von den Kindern. Und wie ja, wie viele Fähigkeiten einfach aufgedeckt werden und das einfach bestärkend ist." (Kinder- und Jugendhilfe, P2, Z. 509-512)
Grenzen	zeitliche Grenzen	Grenzen der VHT-Methode, die mit dem Faktor Zeit zusammenhängen	„Also bei mir ist es ganz klar Zeit, weil ich das einfach IMMER wieder merke, das zu integrieren in den Alltag, Zeitfenster zu schaffen. Sei es ähm, wenn ich dann halt filme beziehungsweise dann auch die Zeit zu haben für die Rückschauen, weil es

Grenzen			manchmal dann einfach schon intensiv ist und dann hat man aber vielleicht nur ein Zeitkontingent von einer halben Stunde (gestikulierend) oder irgendwie Zeitphasen und das ist dann echt schade." (Kita, P2, Z. 287-291)
	rahmenbedingte Grenzen	Grenzen der VHT-Methode, die mit den Rahmenbedienungen in sozialen Einrichtungen zusammenhängen	„Ja, also bei mir war es auch so, dass ich es auch manchmal ziemlich schwierig fand einfach, dann so eine gute Position für die Kamera zu finden. Ähm vor allem auch dann so also die Situation im Prinzip abzupassen (gestikulierend), die man jetzt gerne filmen möchte." (Kita, B1, Z. 270-273)
	personelle Grenzen	Grenzen der VHT-Methode, die mit dem personellen Faktor in sozialen Einrichtungen zusammenhängen	„Manchmal kann es jemand aufnehmen, aber in der Regel ist es halt schwierig. Äh also ich versuche es meistens selber aufzustellen oder ich frage jemanden, ob jemand das vielleicht währenddessen machen kann." (Kita, B2, Z. 264-267)
	technische Grenzen	Grenzen, die mit dem Faktor Technik zusammenhängen	„Weil dann ist oft mal die Kamera nicht voll aufgeladen (lacht) oder sie hat gerade jemand anderes oder man ist in einem anderen Raum und kommt dann gar nicht so schnell zu der

Grenzen			Kamera, dann ist die Situation schon wieder vorbei." (Kita, B1, Z. 274-277)
	menschliche Grenzen	Grenzen, die den menschlichen Fähigkeiten und Kenntnissen geschuldet sind	„[…] dass es schon sehr auch auf die VHT-Ausbilderin ankommt. Also dass es glaube ich, also ähm (...) ja bei uns jetzt einfach irgendwie super war. Wir sind da einfach immer mit einem tollen Gefühl rausgelaufen, aber dass die auf jeden Fall also die Ausbilderin auch dafür brennen muss selbst und dass es sonst NICHT funktionieren würde." (Kinder- und Jugendhilfe, B2, Z. 906-910)
	datenschutzrechtliche Grenzen	Grenzen, die beim Thema Datenschutz der Aufgenommenen beachtet werden müssen	„[…] das Thema Datenschutz, also die ganze Bürokratie, die dahintersteckt, das ist einfach noch so in den Kinderschuhen. Also was ich da für Papierkram auch manchmal habe." (Kinder- und Jugendhilfe, P2, Z. 340-342)

	persönliche Grenzen	Grenzen, die mit dem eigenen Empfinden, Bedürfnissen und Wünschen zusammenhängen	„Und das Gefilmt werden ist auch oft nochmal so ein Punkt, wo man einfach auch bisschen vorsichtig mit umgehen muss, weil Ihr habt ja auch gemeint gehabt, bei Euch in der Mädchenklasse möchte eine auch auf gar keinen Fall gefilmt werden. Und ich glaube, das ist glaube ich auch so eine Grenze einfach halt auch, äh die persönlichen Grenzen, dass man die persönlichen Grenzen von den Gefilmten nicht äh überschreitet." (Kinder- und Jugendhilfe, B1, Z. 328-333)
Grenzen			
Positive Bilder	erste Berührungspunkte	Schilderungen der ersten Begegnung mit dem Wirkfaktor *Positive Bilder* während des ersten VHT-Prozesses	„Es ist sehr komisch vor allem ganz am Anfang (lachend). Es ist SO komisch, sich selbst zu sehen und es ist definitiv sehr unangenehm und ganz sicher auch nicht für jeden was oder man muss sich auf jeden Fall dran gewöhnen." (Kita, B2, Z. 397-400)
	Merkmale	Charakteristika für den Wirkfaktor *Positiven Bilder*	„Ja, ich finde auch, das zeigt ja dann einfach, was man tut, also im wahrsten Sinne des Wortes. Also da kann man auch ruhig auf die Arbeit schauen und blicken und sagen, ja, das

Positive Bilder	Wirksamkeit	Wirkungen der *Positiven Bilder* und mögliche Begründungen hierfür	ist unserer Arbeit." (Kinder- und Jugendhilfe, P2, Z. 575-577) „Also man reflektiert schon viel mehr über das, was man sonst von dem Kind so sieht. Ich finde, allgemein Videobeobachtung jetzt nicht nur auf VHT bezogen, ähm können halt super viel zeigen." (Kita, B2, Z. 599-601)
	Herausforderungen	Herausforderungen und Schwierigkeiten, die die Nutzung der *Positiven Bilder* mit sich bringt	„Weil ich glaube, so ähm sich selbst so zu sehen und so wahrzunehmen, auch so objektiv wahrzunehmen, das ist schon ECHT schwierig manchmal, weil ich glaube, mit sich selbst ist man meistens kritischer als mit anderen." (Kita, B2, Z. 404-407)
Einfluss auf die Praxis	Veränderungsprozesse	Veränderungsprozesse auf Handlungs- oder Verhaltensweisen in der sozialen Praxis, die durch die Anwendung der VHT-Methode und die *Positiven Bilder* angestoßen wurden	„[…] gerade auch wie Du jetzt meintest Mandy mit so sprachlichen Sachen, wie viel man da verändern kann und wie man auch anders in den Unterricht (gestikulierend) zum Beispiel einsteigen kann." (Kinder- und Jugendhilfe, B2, Z. 457-459)
	positiver Einfluss	Positiv erlebte Einflüsse auf Handlungs- oder Verhaltensweisen in der sozialen Praxis, die die VHT-	„Ich achte jetzt VIEL mehr auf meine Körpersprache. Weil ich hatte das auch so bei den ersten Videos, dass ich mir

		Methode und die *Positiven Bilder* hervorbringen	dachte, hä, ich habe da noch voll aus dem Herzen gelacht und ich habe da keine Miene verzogen. Oder dass ich auch irgendwie dachte so, gerade wenn ich auch mit kleineren Kindern in Kontakt bin, dass ich einfach dachte, mehr Mimik und Gestik zu zeigen, weil das einfach wichtig ist, in der Kommunikation." (Kinder- und Jugendhilfe, P2, Z. 420-425)
Einfluss auf die Praxis	kein Einfluss	Keine erlebten Einflüsse auf Handlungs- oder Verhaltensweisen in der sozialen Praxis, die die VHT-Methode und die *Positiven Bilder* hervorbringen	„[...] ich finde, das kann man ganz schwer sagen, weil das Praktikum ja eh dazu dient, um sich zu entwickeln, das ist ja so, das erste Mal so richtig in die Schule rein. Deswegen finde ich es da jetzt schwierig zu sagen, dass Ihr Euch ohne VHT weniger gut entwickelt hättet." (Kinder- und Jugendhilfe, P1, Z. 542-546)

Tabelle 5: Kodierleitfaden (eigene Darstellung)

9.5 Zusammenfassende Inhaltsanalyse

9.5.1 Wirkungen: Wirkungen auf Berufsanfänger*innen

Arbeitsfeld	Paraphrase	Generalisierung	Reduktion
	Die Fremd- und Eigenwahrnehmung verbesserten sich.	Schulung der Fremd- und Eigenwahrnehmung	**Wirkungen der VHT-Methode auf die Berufsanfänger*innen in Kindertagesstätten:**
	Die Sichtweise auf sich selber wurde viel positiver und wertschätzender.	positivere und wertschätzende Sichtweise auf sich selbst	*Wirkungen auf Persönlichkeits- und Identitätsbildung:*
	Sie sind viel sensibler für gewisse Nuancen geworden.	Sensibilisierung für Nuancen und Details	• positivere und wertschätzende Sichtweise auf sich selbst und die Situation
	Man nimmt sich positiver wahr.	positivere ~~Sichtweise auf~~ sich ~~selbst~~	• (An)Erkennung der eigenen Ressourcen
	Man hat gemerkt, dass auch viel Positives zu sehen ist.	positivere ~~Sichtweise auf~~ sich ~~selbst~~	
	Der Blick auf sich selbst und die Situationen mit den Kindern wurde positiver.	positiverer Blick auf sich und die Situation	*Wirkungen auf Fähigkeiten:*
Kindertagesstätte	Man sieht, welche Ressourcen man besitzt.	(An)Erkennung der eigenen Ressourcen	• Schulung der Fremd- und Eigenwahrnehmung
	Ich finde auch das Einfühlen noch was ganz Wichtiges, dass man die Möglichkeit hat, nochmal die Situation herzuholen und nachzuempfinden, wie geht es mir, wie ging es dem Kind in dem Moment.	Stärkung der Empathie und des Einfühlungsvermögens	• Sensibilisierung für Nuancen und Details • Stärkung der Empathie und des Einfühlungsvermögens • Stärkung der Reflexionsfähigkeit
	Die Zeit zu haben, darüber nachzudenken und sich mit anderen auszutauschen.	Stärkung der Reflexionsfähigkeit und der Fähigkeit, miteinander in den Austausch zu treten	• Förderung der Fähigkeit, miteinander in den Austausch zu treten

Kinder- und Jugendhilfe	Die Berufsanfänger*innen haben die Möglichkeit, sich in einer besonderen Form selber zu reflektieren.	Stärkung der Reflexionsfähigkeit	**Wirkungen der VHT-Methode auf die Berufsanfänger*innen in der Kinder- und Jugendhilfe:** *Wirkungen auf Persönlichkeits- und Identitätsbildung:* • weckt Leidenschaft, belebt und steckt an • selbstwertstärkend • kraftgebend • gibt Sicherheit • stärkt und bereichert *Wirkungen auf Fähigkeiten:* • Stärkung der Reflexionsfähigkeit • Beibehaltung einer positiven und ressourcenorientierten Haltung • besseres Verstehen von Prozessen • Stärkung von Teamarbeit und der Fähigkeit, in den Austausch zu treten • Schulung von Problemlösungsstrategien • Ausbildung der Kritikfähigkeit • Sensibilisierung für Details
	Die Methode ist selbststärkend.	selbststärkend	
	Sie ist für die allgemeine Fachlichkeit einfach sehr wertvoll. Als Fachkraft hilft es, eine professionelle Haltung zu bewahren.	Förderung der allgemeinen Fachlichkeit sowie der professionellen Haltung	
	Außerdem unterstützt es dabei, die wertvolle Haltung und die Ressourcenorientierung beizubehalten, was in einem Beruf, in dem es viel um Problemlagen geht, oft schwer ist.	Beibehaltung einer positiven und ressourcenorientierten Haltung gegenüber den Klient*innen	
	Es hat auch etwas Belebendes und Ansteckendes. Irgendwie schwingt da viel Leidenschaft bei mir mit und das freut mich unfassbar und ich habe das Gefühl, das ist auch bei anderen so.	leidenschaftlich, belebend und ansteckend	
	Es ist sehr hilfreich für die eigene Qualifizierung und bildet die eigene Haltung und die Werte, die man das transportieren möchte, aus.	Förderung der allgemeinen Fachlichkeit und Qualifizierung sowie der professionellen Haltung	
	Es ist für die eigene Qualifizierung sehr gut und für das Verstehen von Prozessen, die ablaufen.	Qualifizierung von neuen Fachkräften und besseres Verstehen von Prozessen	
	Es gibt sehr viel Kraft.	kraftgebend	

Kinder- und Jugendhilfe	VHT geschieht in Teamarbeit. Dadurch entsteht die Möglichkeit, in den Austausch miteinander zu treten.	Stärkung von Teamarbeit und der Fähigkeit, mit Kolleg*innen oder Anleiter*innen in den Austausch zu treten	Wirkungen auf berufliche Entwicklung: • berufliche Entwicklungsförderung • Förderung der allgemeinen Fachlichkeit und der professionellen Haltung • Qualifizierung von neuen Fachkräften
	Es hilft dabei, die eigenen Probleme im Berufsalltag anzusprechen, um Tipps von den Kolleg*innen oder der Anleitung zu erhalten.	Schulung von Problemlösungsstrategien und Ausbildung der Kritikfähigkeit	
	VHT stärkt das Selbstwertgefühl.	selbstwertstärkend	
	Die Methode hilft dabei, den Blick zu schärfen und fördert damit den Prozess der Sensibilisierung.	Sensibilisierung für Details	
	Das war sehr hilfreich für seine Entwicklung und hat ihn sehr unterstützt.	berufliche Entwicklungsförderung	
	Es ist für das eigene Gefühl und die eigene Sicherheit sehr hilfreich.	gibt Sicherheit	
	VHT ist mit Sicherheit stärkend und eine Bereicherung.	stärkt und bereichert	

Tabelle 6: Analyse des Codes „Wirkungen auf Berufsanfänger*innen" (eigene Darstellung)

9.5.2 *Positive Bilder*: Wirksamkeit

Arbeitsfeld	Paraphrase	Generalisierung	Reduktion
Kindertagesstätte	Die Zeit zu haben, darüber nachzudenken und sich mit anderen auszutauschen.	Austausch und Reflexion	Aussagen über die **Wirksamkeit der** *Positiven Bilder* in **Kindertagesstätten:**
	Das hilft sehr, weil es positives Feedback ist und Möglichkeiten, sich zu verbessern und nicht direkt das zeigt, was man nicht kann.	sehr hilfreich für berufliche Entwicklung, da positives Feedback und Stärken im Vordergrund stehen	*Persönlichkeits- und identitätsbildend*: • schafft Stolz und Freude • motivierend • Stärkung der Selbstsicherheit
	Die Berufsanfänger*innen müssen es selber erleben, wenn mit Ressourcen gearbeitet wird, weil dann werden sie es mit den Kindern, Familien und Eltern auch machen.	Ressourcenorientierung	*Professionalitätsbildend*: • sehr hilfreich für berufliche Entwicklung • Änderung der Sichtweise auf die Klient*innen zum Positiven • Stärkung des Beziehungsaufbaues • Lernerfolg stellt sich ein • Förderung der Interaktionsfähigkeit und weiterer pädagogischer Fähigkeiten • Steigerung des Selbstlernerfolgs • Stärkung der Empathie und des Einfühlungsvermögens
	Man sieht das, was man alles schon kann und gut macht und oft ist man selbst sehr überrascht davon.	positives Feedback und Stärken im Vordergrund	
	Durch das Anschauen der positiven Bilder und Aufnahmen kann das Geschehnisse nochmals betrachtet werden. Dadurch kann sich die Situation bewusster gemacht werden und man ist stolz auf sich, und freut sich, wenn man was dazugelernt hat.	detailliertes Betrachten der Situation und Reflektieren hierüber führt zu Stolz, Freude und Lernerfolg	
	Ich kann einfach viel besser mit den Kindern interagieren und dadurch lernen sie eventuell auch	Förderung der Interaktionsfähigkeit und der pädagogischen Fähigkeiten	

Kindertagesstätte	nochmal mehr von mir.		**Teambildend**: • Verbesserung des Arbeitsklimas • besserer Umgang miteinander innerhalb der Einrichtung
	Wenn sie die positiven Videos angucken, dann merkt man schon, wie die Körperhaltung sich verändert, wie ein Schmunzeln und rote Wangen entstehen und richtige Freude aufkommt.	Freude	
	Die positiven Bilder bewirken Aha-Momente und ermöglichen, dass man von selber auf das kommt, was die Anleitung einem mitgeben möchte.	Steigerung des Selbstlernerfolgs	Mögliche **Gründe** für dessen Wirksamkeit: *Positivität*: • positives Feedback • Stärken und gelungene Momente stehen im Vordergrund • Ressourcenorientierung • Bewusstwerden über Stärken und Fähigkeiten
	Es verbessert das Arbeitsklima, indem nicht das Defizitäre betrachtet wird, sondern das Gelungene.	Verbesserung des Arbeitsklimas, indem das Gelungene betrachtet wird	
	Auch im Nachhinein wird häufig über die Situation noch gesprochen. Ich habe den Eindruck, die Bilder und Aufnahmen bleiben länger im Kopf.	Nachhaltigkeit	*Anleitung*: • Ermöglichung von Austausch und Reflexion • VHT-Professionals
	Ich bin mit einem positiven Gefühl in die Einrichtung gegangen, weil ich wusste, was ich gut konnte und daran wollte ich weiterarbeiten.	motivierend, da sich über Stärken und Fähigkeiten bewusst gemacht wird	
	Man reflektiert mehr, weil man die Situation nochmals vor Augen geführt bekommt. Im Allgemeinen können Videobeobachtungen sehr viel zeigen.	detailliertes Betrachten der Situation und Reflektieren hierüber	*Visualisierung*: • ermöglicht detailliertes Betrachten der Situation • Nachhaltigkeit
	Als ich die Bilder mit dem Kind dann	Änderung der negativen	

Kinderta-gesstätte	nochmals angesehen habe, habe ich die Sichtweise auf das Kind ändern können. Dadurch konnte ich wahrnehmen, was das Kind schon alles kann, und somit eine bessere Beziehung zu ihm aufbauen.	Sichtweise auf die Kinder zum Positiven und Stärkung des Beziehungsaufbaues	
	Man erhält einen positiveren und wertschätzenden Blick auf die Kinder.	Änderung der negativen Sichtweise auf die Kinder zum Positiven	
	Man geht mit einem viel wertschätzendem Blick auf die Kinder zu und das Klima ist ein anderes.	Änderung der negativen Sichtweise auf die Kinder zum Positiven und Verbesserung des Arbeitsklimas	
	Man versucht, die andere Person zu verstehen und erkennt, dass hinter jedem Handeln ein Grund steckt. Dadurch ändert sich der Umgang miteinander.	Stärkung der Empathie und des Einfühlungsvermögens führt zu einem besseren Umgang miteinander innerhalb der Einrichtung	
	Durch das Auseinandernehmen der positiven Videos konnte ich Kinderkonferenzen und Erzählkreise viel selbstsicherer leiten.	Stärkung der Selbstsicherheit	
Kinder- und Jugendhilfe	Die Berufsanfänger*innen haben die Möglichkeit, sich in einer besonderen Form selber zu reflektieren.	Reflexion am eigenen Beispiel	Aussagen über die **Wirksamkeit der Positiven Bilder** in der Kinder- und Jugendhilfe: *Persönlichkeits- und identitätsbildend:*
	Das Anschauen der positiven Bilder geschieht in Teamarbeit. Dadurch entsteht die Möglichkeit,	Teamarbeit und Austausch	• bereichernd • wertschätzende

Kinder- und Jugendhilfe	in den Austausch miteinander zu treten.		**Bestärkung** • schafft Freude, Stolz und Erleichterung • macht neugierig • stärkt die Selbstzufriedenheit • positive Aufregung • motivierend • kraft- und energiegebend sowie lustmachend
	Es zu sehen, was gut und positiv war, ist ein viel besseres Gefühl, als es nur von der Anleitung zu hören.	detailliertes Betrachten der gelungenen Momente	
	Es ist bereichernd zu sehen, was in unserer Arbeit getan wird.	detailliertes Betrachten der eigenen Arbeit bereichert	
	Dadurch dass gesagt wird, was gut war und nicht, was verbessert werden muss, und der Blick zudem auf den Ressourcen lag, fühlte man sich wertschätzend bestärkt.	positives Feedback und Ressourcenorientierung führt zu wertschätzender Bestärkung.	*Professionalitätsbildend*: • Förderung von pädagogischen Fähigkeiten • Ankurbelung von Lernprozessen
	Es wird Freude und Stolz aber auch Erleichterung sichtbar.	Freude, Stolz und Erleichterung	
	Ich war auch immer sehr neugierig, auf das was mir gezeigt wurde und wie die Kinder auf mich reagiert haben.	Neugierde	Mögliche **Gründe** für dessen Wirksamkeit:
	Bei den Berufseinsteiger*innen habe ich immer so eine Selbstzufriedenheit mit sich und Stolz, auf das, was sie geschafft haben, gespürt. Ihre Wertschätzung sich selbst gegenüber ist außerdem gestiegen.	Selbstzufriedenheit, Stolz und Wertschätzung	*Positivität*: • positives Feedback • ressourcenorientiert • warm und wertschätzend • beweisend und bestärkend • Positives steht im Vordergrund • verursacht Neugierde
	Es war während der Rückschauen immer eine positive Aufregung, eine Jetzt-packen-wir-es-an-Stimmung spürbar.	positive Aufregung und Motivation	

Kinder- und Jugendhilfe	Die positiven Bilder sind für mich wie Beweise und bestärken meine eigenen Fähigkeiten.	beweisend und bestärkend	*Anleitung*: • Reflexion am eigenen Beispiel • Ermöglichung von Teamarbeit und Austausch • keine Hierarchien, geschieht auf Augenhöhe • VHT-Professional *Visualisierung*: • detailliertes Betrachten der eigenen Arbeit und gelungenen Momente • Setzung eines Fokus • handfeste, visualisierte Beweise für die eigenen Stärken
	Die Bilder beweisen, dass es eine tolle Methode ist und das sie funktioniert.	beweisend	
	Ich finde es unterstützend, dass man einen Fokus setzen und dann danach analysieren kann.	Setzung eines Fokus	
	An den Supervisionen in der Ausbildung muss jeder teilnehmen, sodass sich alle diese Bilder anschauen und ein Austausch entsteht.	Teamarbeit und Austausch	
	Es geschieht stets mit einem wertschätzenden Blick und beweist, dass es auf Augenhöhe zugeht und nicht hierarchisch ist.	keine Hierarchien, geschieht auf Augenhöhe	
	Also ich war auch immer sehr neugierig, auf das was die Kinder gesagt haben und wie sie reagiert haben, weil das bekommt man oft nicht genau mit, wenn man vorne steht.	Neugierde	
	Das ist super gelaufen mit den Auszubildenden gelaufen. Das muss man auch nochmal hervorbringen, dass man mehr diese Ressourcenorientierung einfach verkörpert.	ressourcenorientiert	
	Ich fand auch, dass sich in solchen Situationen nochmal das Verständnis hiervon	Förderung von pädagogischen Fähigkeiten	

	verändert und man lernt, besser auf die Kinder einzugehen.		
	Das habt Ihr ja vorhin schon gesagt, mit der Wertschätzung und den Ressourcen.	wertschätzend und ressourcenorientiert	
	Es gibt positive Bilder, die man ausdrucken kann und sich an die Wand hängen.	handfeste, visualisierte Beweise für die eigenen Stärken	
	Ich finde auch, es kurbelt unfassbar Lernprozesse an.	Ankurbelung von Lernprozessen	
	Die Bilder geben Kraft und Energie und machen Lust auf mehr.	kraft- und energiegebend sowie lustmachend	
Kinder- und Jugendhilfe	Ich finde schon, dass wir da für uns viel mitnehmen konnten. Gerade an Eindrücken von uns selber und von unserer Lehrerpersönlichkeit, indem wir uns selber beobachtet haben und uns Situationen gezeigt wurden und auf Kleinigkeiten eingegangen wurde.	detailliertes Betrachten der eigenen Arbeit fördert Lernprozess	
	Das Positive wird durch VHT und die positiven Bilder festgehalten und in den Fokus gehängt.	Positives steht im Vordergrund	
	In den Rückschauen fand ich alles sehr wertschätzend und auch den Fokus auf das Positive gelegt.	wertschätzend und das Positive steht im Vordergrund	
	Es war alles so positiv und hinterher war ich beeindruckt, wie man aus so einer Situation so viel	Positives steht im Vordergrund	

	Positives herausziehen kann.		
Kinder- und Jugendhilfe	Es war wie eine warme Dusche. Man hätte das definitiv anders auslegen können, aber so wurde es nicht ausgelegt, sondern immer sehr warm und wertschätzend.	warm und wertschätzend	
	Sie hat darauf gewartet, bis ich es auch erkannt hatte. Und wenn ich es erkannte, dann war sie auch glücklich.	VHT-Professional	

Tabelle 7: Analyse des Codes „Wirksamkeit" (eigene Darstellung)